Acolher e se afastar

Relações nutritivas ou tóxicas

Karina Okajima Fukumitsu
Pe. Licio de Araujo Vale

Acolher e se afastar

Relações nutritivas ou tóxicas

Dados Internacionais de Catalogação na Publicação (CIP)
(Câmara Brasileira do Livro, SP, Brasil)

Fukumitsu, Karina Okajima
    Acolher e se afastar : relações nutritivas ou tóxicas / Karina Okajima Fukumitsu, Pe. Licio de Araujo Vale. -- São Paulo : Edições Loyola : Paulinas, 2019

    Bibliografia.
    ISBN 978-85-15-04614-0 (Loyola)
    ISBN 978-85-356-4550-7 (Paulinas)

    1. Acolhimento 2. Autodestruição 3. Emoções - Aspectos psicológicos 4. Pensamentos 5. Psicologia pastoral 6. Relações humanas 7. Sentimentos - Aspectos psicológicos I. Vale, Licio de Araujo. II. Título.

19-28695   CDD-152.4

Índices para catálogo sistemático:

1. Emoções e sentimentos : Psicologia   152.4

Maria Paula C. Riyuzo - Bibliotecária - CRB-8/7639

Preparação: Fernanda Guerriero Antunes
Capa: Viviane B. Jeronimo
    Composição a partir da imagem de
    © Robert Herhold | Adobe Stock
Diagramação: So Wai Tam
Revisão: Ana Paula de D. Uchoa

Paulinas
Rua Dona Inácia Uchoa, 62
04110-020 São Paulo, SP
T 55 11 2125 3500
Telemarketing e SAC 0800 7010081
editora@paulinas.com.br
www.paulinas.com.br

Edições Loyola Jesuítas
Rua 1822, 341 – Ipiranga
04216-000 São Paulo, SP
T 55 11 3385 8500/8501 • 2063 4275
editorial@loyola.com.br
vendas@loyola.com.br
www.loyola.com.br

Todos os direitos reservados. Nenhuma parte desta obra pode ser reproduzida ou transmitida por qualquer forma e/ou quaisquer meios (eletrônico ou mecânico, incluindo fotocópia e gravação) ou arquivada em qualquer sistema ou banco de dados sem permissão escrita da Editora.

ISBN Paulinas 978-85-356-4550-7

ISBN Loyola 978-85-15-04614-0

© EDIÇÕES LOYOLA, São Paulo, Brasil, 2019

Sumário

7 Introdução — O amor integra apenas quando há entrega

11 Acolher e se afastar: relações nutritivas ou tóxicas

17 Relações nutritivas ou tóxicas: sobre a desarmonia relacional

29 O que são relações nutritivas? O que é nutriente para nossa vida, alma e maneira de ser?

39 Necessidade de ser amado

47 A exigência de ter de ser alguém e perfeito

55 A possibilidade de ser perfeitamente imperfeito

57 Há grandes chances de superação do que imaginamos não conseguir

79 "É preciso saber viver": a busca da congruência

83 Referências

85 Sobre os autores

Introdução

O amor integra apenas quando há entrega

O nosso encontro, que nos marcou fortemente, aconteceu com a proposta de estabelecermos um diálogo na 26ª Bienal Internacional do Livro de São Paulo, em 2018, quando participamos de uma mesa que convidava o público do evento a refletir sobre a depressão e, mais especificamente, o suicídio entre os jovens. Aquela ocasião não foi o suficiente e a nossa conversa continuou; combinamos, então, um bate-papo para nos conhecermos melhor em Edições Loyola, mediado por Paulo Moregola. E um dos frutos dessa reunião foi uma obra que abarcasse todos os assuntos que surgiram como uma avalanche de situações que permeiam a nossa vida. Uma teia de considerações começou a ser tecida e, a cada nó que firmamos, um laço muito forte foi sendo estabelecido.

"O amor integra apenas quando há entrega" — este foi o tom que desejamos para o trabalho. O processo de elaboração desta coleção foi de total entrega, pois reservamos horários em nossas agendas atribuladas para nos dedicar aos encontros. Nasceu, portanto, um laço de amizade que se desvelou em empenho amoroso para organizarmos esta coletânea.

Ambos pudemos compartilhar a tormenta que nos aflige quando testemunhamos o sofrimento de alguns jovens, identificando-nos pelo fato de acompanharmos diariamente adolescentes que se sentem perdidos, confusos, inseguros, duvidando de quem são e desconfiando de seu jeito de ser. Confessamos nossa impotência, e surgiu a ideia da coleção **AdoleScER sem adoecer — Conversas entre uma psicóloga e um padre**, a qual representa *alívio* e *desafio* ao mesmo tempo. *Alívio*, porque ao decidirmos publicar nossas conversas tomamos atitude em prol do sofrimento humano. *Desafio*, pois nos sentimos em meio a um durante a manufatura desta compilação, tendo em vista que identificamos a intensa dificuldade de falar sobre sentimentos à medida que elencamos os temas que seriam abordados, sem que corrêssemos o risco de sermos mal interpretados como aqueles que querem dar conselhos ou os que confundem sentimentos com "sentimentalismo".

Optamos por publicar nossas conversas com uma linguagem simples, porém não simplista. Os títulos dos volumes foram escolhidos com o intuito de abranger aspectos que acreditamos impedir o bem-estar na adolescência. Para tanto, foi necessária a revisitação de nossas histórias, sobretudo de nossa adolescência, repleta de interrupções e de crescimento. Nesse sentido, olhamos de perto para nosso desenvolvimento e para as principais maneiras de enfrentamento que utilizamos a fim de lidar com problemas e situações de crise.

Quatro são os temas principais abordados. O primeiro deles trata de relações nutritivas ou tóxicas, provenientes do ato de acolher ou de se afastar, pelas quais a questão da desarmonia relacional recebe olhar mais cuidadoso. No segundo volume, trabalharemos com a compreensão dos processos autodestrutivos e dos mecanismos que utilizamos para direcionar a energia contra nós mesmos, bem como o suicídio e maneiras de preveni-lo. O terceiro volume será dedicado ao luto por suicídio e a modos de acolhimento. No quarto e último volume, teceremos considerações a respeito de um assunto importantíssimo: o cuidado de si e do outro, como forma de acolher a vida e de buscar o sentido da nossa existência.

Evidenciamos, portanto, o resultado da partilha e da amizade entre uma psicóloga e um padre, cujo propósito principal foi estabelecer entrelaçamentos entre adolescência e processos autodestrutivos, tema que preocupa a sociedade brasileira na atualidade.

Com o título desta coleção, quisemos enfatizar que o mais importante para nós é que as pessoas **apenas sejam** tais como são. Como Karina nos ensina, "a essência do ser deve ser apenas SER". Nossa proposta é a de que cada vez o leitor **seja mais** e **adoeça menos**.

Os autores

Acolher e se afastar: relações nutritivas ou tóxicas

Você já sentiu culpa, raiva, tristeza, solidão, abandono, frustração, decepção, falta de pertencimento? Caso sua resposta seja afirmativa, seja muito bem-vindo ao território que pertence à esfera existencial, principalmente porque é um ser humano, como nós dois — uma psicóloga e um padre que têm todos os sentimentos supramencionados.

O propósito deste volume é ajudá-lo a perceber o quanto é importante acolher também o medo, a raiva, a tristeza, a vergonha, o ódio. Em outras palavras, não podemos deixar de dar hospitalidade para os sentimentos, pois eles são registros da maneira como decodificamos as experiências de vida. Na verdade, o que desejamos é instilar a ideia de que poderemos conhecer e mostrar nossa essência de ser, aprofundarmo-nos nela e nos desenvolver a partir da integração de quem somos, considerando tanto as virtudes quanto os defeitos. Não é fácil se permitir chorar, ficar triste ou com raiva. Não é fácil ver alguém que amamos triste. Não é fácil presenciar o sofrimento de ninguém. Não é fácil estar em silêncio, não fazer nada e simplesmente estar. De maneira concomitante, acreditamos ser preciso que o leitor reflita sobre o que tem feito com seus sentimentos. Como você tem acolhido sua maneira de ser? Você se aceita? Você se critica?

Os sentimentos, cuja lista é longa — amor, aflição, ódio, raiva, medo, alegria, tristeza —, são estados afetivos que se produzem por causas que nos impressionam e que podem ser alegres e felizes; dolorosas e tristes; entre outras. São resultado de emoções que permitem que a pessoa esteja consciente do seu "estado de alma" e, vinculados à dinâmica cerebral, direcionam a forma de se reagir perante diversos e distintos acontecimentos. Trata-se de lembretes da sensibilidade relativamente ao que se imagina como sendo positivo ou negativo, isto é, são emoções que ofertam "nome" para nosso estado afetivo. Sempre que os sentimentos são funcionais, o "estado da alma" alcança a felicidade. Em contrapartida, o "estado da alma" que não está em equilíbrio pode provocar perturbações, tais como alterações de humor e agressividade.

Somos uno com o mundo, sabendo que ele é parte de nós e nós somos parte dele. No entanto, a sintonia com o mundo às vezes "falha", deixando-nos com a sensação de não pertencimento. Segundo o Dicionário Informal Online,

> "[...] o sentimento de **pertencimento** é a crença subjetiva numa origem comum que une distintos indivíduos. Os indivíduos pensam em si mesmos como membros de uma coletividade na qual símbolos expressam valores, medos e aspirações. [...]".

Pensar em si mesmo e em coletividade é tarefa árdua. Nessa direção, costumamos experimentar sentimentos de que nem sempre é possível "fazer parte do grupo" ou de que "é muito difícil encontrar nossos pares e pessoas que comungam de valores, medos e aspirações". É complicado pertencer, principalmente quando não nos pertencemos, ou seja, não adianta querer ser aceito se não nos aceitamos. De nada valerá comunicar suas convicções e crenças, se você não acolher a maneira como sente, pensa e, sobretudo, sua história — e não a respeitar.

Uma das primeiras sensações que nos acometem ao não ofertarmos hospitalidade para quem somos é a de estar perdido "dentro de nós"; em contrapartida, o contrário da inospitalidade é a ideia de pertencimento. O que o leitor precisa fazer, portanto, para pertencer e estar em sintonia com seu coração, com o Deus que nos habita, é o acolhimento para sua maneira de SER. Lembre-se: você apenas é o que pode SER.

Karina: Costumo dizer que a vida é arte que leva tempo. Muitas vezes, a falta de sentimento de pertencimento promove a sensação de que estamos em um solo incerto para colocarmos nossos pés e nos sustentar, sobretudo quando precisamos enfrentar as dificuldades. A sensação de falta de pertença surge ao nos colocarmos em uma **fôrma***; assim, perdemos nossa* **forma** *singular, nosso jeito de SER. Começamos a viver de "aluguel" em uma propriedade que poderia ser encarada como nossa "morada existencial", lugar onde habitamos em nós mesmos. Sentir-se seguro e fortalecido consigo para enfrentar algumas adversidades é o sonho de consumo de muitos. Aquele que não se sente pertencente nem a si mesmo, sofre. Quem vive de aluguel na própria morada não tem a sensação de apropriação de quem é.*

Muitos de nós cresceram acreditando que a tristeza e o choro eram sinônimos de inferioridade e de fraqueza. De fato, dificilmente damos hospitalidade para alguns sentimentos desagradáveis, pois muitas vezes eles se referem aos incômodos de desarmonia relacionais; por julgarmos que não são nobres ou por termos a errônea ideia de que as pessoas nos acharão fracos, não nos autorizamos a senti-los ou mostrá-los. Pela intensa dificuldade que temos ao lidar com nossos sentimentos, tendemos a julgá-los e iniciamos uma "saga", categorizando-os e rotulando-os entre "bons" ou "maus" — e cremos que estes últimos devem ser tirados da nossa cabeça e de nosso coração. No entanto, eles não podem ser definidos assim.

Sentimentos são simplesmente o que são, ou seja, nós os **sentimos e ponto**. Costumam-se considerar positivos, porém, aqueles que promovem boas ações, e negativos os que acabam resultando em más ações. Neste último caso, é importante conhecê-los para se modificar a ação que provoca sofrimento. **Enfim, nenhum rótulo serve para o acolhimento do sofrimento.** Repetimos: sentimentos não são nem bons nem ruins. Exatamente por isso acreditamos ser essencial acolher a todos, em especial os inóspitos. Precisamos nos ajudar, ampliando formas de lidar melhor com eles, porque existem em nós e sempre existirão; falam sobre nós e sobre como podemos enfrentar algumas situações difíceis. Leitor, pense na necessidade de hospedar os seus sentimentos. Se você tem sentimentos, é porque fazem parte de você, por isso merecem respeito e acolhimento.

Muitas vezes, nós acreditamos que estamos sendo usados, que servimos de meio para que alguns cheguem aos seus objetivos; sentimo-nos incomodados e desconfortáveis quando percebemos que fomos desrespeitados e traídos. No entanto, é a confirmação desses sentimentos e pensamentos que o ajudará a sair do lugar de desconforto. Ou seja, na tratativa dos sentimentos confusos precisamos legitimar o sofrimento para que possamos integrá-lo.

O que pretendemos endossar é que ninguém pode se culpar pelo que sente ou pensa, mas, sim, por seus atos diante de determinado sentimento. Analisemos, por exemplo, o caso de uma pessoa que sente ódio e, no desejo de se vingar de quem o feriu, planeja um assassinato. É imprescindível que ela controle essa ira de modo a evitar o crime, pois — embora tais pensamentos desejem ser legitimados — a ação de matar não deve ser confirmada. Assim, conseguimos compreender o que o filósofo Jean-Paul Sartre ensina: "O importante não é aquilo que fazem de nós, mas o que nós mesmos fazemos do que os outros fizeram de nós".

Padre Licio: Uma pessoa tomada pela cólera perde o controle sobre si mesma e estará em desamparo e entregue a esse sentimento. E é justamente isso que a dilacera por dentro e por fora. Será preciso que a pessoa possa refletir novamente sobre sua cólera, colocá-la diante de si mesmo e, para os que creem, diante de Deus pela oração; antes de ser um desafio moral, é um desafio psicológico que auxilia na integridade da pessoa, na saúde do corpo e do espírito.

Segundo o Dicionário Michaelis (1998, 1.159, grifos nossos), inospitalidade significa: "3 Que não agasalha, ou **não protege**; desagasalhado. 4 Que não serve para ser habitado". Dessa forma, os sentimentos inóspitos são aqueles com os quais não convivemos bem e aos quais não damos hospitalidade em nosso ser, resultando em negação ou "**falta de proteção**" dos sentimentos que são nossos.

Quem de nós já não se sentiu dividido "na própria alma"? Quais são os afetos que dividem você? Quais são suas contradições? Como você concilia seus opostos: amor e ódio, delicadeza e aspereza, extroversão e introversão, desejo de ir para a balada e vontade de ficar sozinho, tristeza e alegria, confiança e falta de fé, medo e coragem, desejo de agir ou de simplesmente contemplar? Nessa direção, lembramos uma história de autor desconhecido:

Um homem sábio descreveu certa vez em seus conflitos internos: Dentro de mim existem dois cachorros. Um deles é cruel e mau. O outro é muito bom e dócil.

Os dois estão sempre brigando...

Quando então lhe perguntaram: Qual dos cachorros ganharia a briga?

O sábio homem parou, refletiu e respondeu: Aquele que eu alimentar.

Para nós, é essencial hospedar em si mesmo os próprios sentimentos, e a primeira e fundamental tarefa para isso acontecer é reconhecê-los. Sendo assim, o mais importante é a maneira como se vive, interpreta, ressignifica as experiências e como se reage a elas. Respeitando e se baseando nos sentimentos e pensamentos, e prestando atenção em como se sente na relação com outro, migrar-se para um processo de transformação. Mas, então, como fazer um processo "seletivo" para determinar as relações que nos fazem bem?

Relações nutritivas ou tóxicas: sobre a desarmonia relacional

Iniciamos o nosso bate-papo sobre relações nutritivas e tóxicas considerando a desarmonia relacional. Segundo o Dicionário Online de Português, relacionamento significa "ato de relacionar, de estabelecer uma ligação, uma conexão com algo ou alguém: relacionamento entre a teoria e a prática". Sabemos que se relacionar não é coisa fácil, mas, como seres sociáveis, estamos em constante relação conosco, com o mundo e com as coisas circundantes. De acordo com o existencialismo, nosso desenvolvimento será espelhado em níveis diferentes tanto de dependência, independência e codependência. Achamos que o relacionar-se com o outro é importantíssimo, pois é a partir da relação interpessoal que formamos a rede de apoio necessária para situações de enfrentamento de adversidades. Não somos sem o outro, somos (existimos) sempre em relação ao outro.

Concomitantemente, precisamos nos dar conta de que nossos vínculos são destinados a acompanhar e fazer parte de certas fases da vida. Por que fazemos essa afirmação? Porque entendemos que algumas pessoas aparecem em nossa vida para serem apenas coadjuvantes, tecerem nossa história e contribuírem com uma experiência que servirá como aprendizagem. Como Cecília Meireles ensina: "Há pessoas que nos falam e nem as escutamos; há pessoas que nos ferem e nem cicatrizes deixam, mas há pessoas que simplesmente aparecem em nossa vida e nos marcam para sempre". Ninguém que faz parte de nossa trajetória surgiu em vão, seja em situações boas ou em situações más, contudo é primordial atualizar constantemente nossas relações para que não fiquemos "engessados" e cristalizados naquelas que nos foram importantes, mas que por qualquer motivo se tornaram tóxicas e passaram a nos fazer mal. Você sabe atualizar e discriminar relações nutritivas e relações tóxicas? Como fortalecer relações nutritivas e se separar de relações tóxicas? É uma questão de aprendizagem.

Karina: Aprender a se relacionar é uma grande aprendizagem. Desde bebês, estamos nos relacionando conosco e com o mundo. Quando um bebê nasce, ele deverá interagir com o mundo e com os outros para que sobreviva e tenha suas necessidades satisfeitas. Daí a confirmação de que, desde pequenos, não somos sem o outro. Muitas vezes, porém, quando há expectativas em demasia, sofremos. Nesse sentido, vale a pena lembrar a oração da Gestalt:

> eu faço as minhas coisas, você faz as suas. Não estou neste mundo para viver de acordo com [suas expectativas. E você não está neste mundo para viver de acordo [com as minhas. Você é você, e eu sou eu. E se por acaso nos encontramos é lindo. Se não, nada a fazer (PERLS, 1977, 17).

Tudo o que acontece na vida é porque somos seres em relação. Assim, você não é as expectativas dos outros. Embora em constante relação, acreditamos que você pode dimensionar e reavaliar se o seu objetivo está em sintonia com suas crenças e convicções, ou seja, em vez de se preocupar apenas em superar as expectativas do outro, empenhe-se em superar as próprias expectativas se relacionando com o outro. Então, é o que se fala no existencialismo: homem é um ser em relação consigo, com o outro e com as coisas circundantes. E no caso da experiência da fé, é também um ser em relação com Deus; reforçando a evidência da necessidade de conviver com o outro, porque Deus também é um outro, com "o" maiúsculo, diferente de mim.

Padre Licio: Penso que a gente também parte do pressuposto de que é desejo de todo ser humano ser harmônico, ou seja, estar em harmonia consigo mesmo e com o outro. Os relacionamentos são importantíssimos para que construamos um equilíbrio emocional e/ou desequilíbrio emocional. Inclusive, Santo Inácio de Loyola, pela experiência dos Exercícios Espirituais, ressalta a importância do autoconhecimento e a consciência das fragilidades que cada pessoa carrega dentro si. Este exame de consciência vai permitir aquilo que a espiritualidade inaciana identifica como **MAGIS**: *sentir a presença de Deus na vida da pessoa e como ela está reagindo por meio de suas posturas e ações. Importante perceber que aqui falamos de buscar o SEU melhor, não havendo uma comparação com o outro. Essa busca pelo melhor de cada um necessariamente passa pela experiência do conviver com o outro. É em relação que somos capazes de identificar o quanto estamos conectados com o amor de Deus. Fazer o bem necessita de uma dose diária de exame de consciência. Ser o melhor para o outro é uma forma de responder ao amor incondicional que Deus tem por cada pessoa.*

Karina: E como nos tornar mais seletivos para compreender quais são as relações nutritivas e aquelas que são tóxicas? Um bom sinalizador das primeiras é perceber quando, no encontro com o outro, posso me assumir enquanto ser diferente, ser eu mesmo e me sentir pertencente. Já as relações tóxicas provocam a autodestruição. As pessoas são o que são e precisam ser aceitas em suas diferenças. Se eu não aceitar a diferença, terei de me relacionar com projeções de mim e do que penso que o outro deveria pensar.

Nesse sentido, uma das grandes dificuldades do relacionar-se e que pode estar na base dos relacionamentos tóxicos é o fato de que, ao mesmo tempo que eu me relaciono com outro, eu também tenho uma confirmação de quem eu sou por mim e pelo outro. Quem nos faz mal é "termômetro" para que cuidemos de nós e encontremos formas de nos preservar. Assim, a pessoa que nos fere é mensageira daquilo que não podemos mais aceitar em nosso convívio; e, por esse motivo, devemos nos afastar. As relações tóxicas, portanto, provocam o esvaziamento de quem somos, principalmente pelas expectativas que temos em relação ao outro e a nós mesmos.

Karina: *O tóxico é aquele que provoca uma sensação de destruição de nossas convicções, de nossa verdade, de nossa sensação de segurança, e que nos tira do solo confortável em que imaginamos estar para responder, ou melhor, satisfazer os desejos do outro. Uma situação tóxica é aquela em que me nego, me subordino e me submeto para satisfazer o desejo que é de um outro além de mim. Tóxico é aquilo que me faz duvidar de quem eu sou, da minha história e de tudo que eu construí, por isso me deixa numa condição de dúvidas, incertezas e solo fragmentado.*

Padre Licio: *Uma relação tóxica acontece porque fico dominado pelas emoções, sensações, pelos desejos do outro com qual me* *relaciono. A metáfora da toxicidade sou eu contaminado negativamente pelo outro a partir de expectativas que são minhas ou projeções que são minhas. O que é tóxico é o que existe em mim, colocado no outro, e não em mim mesmo.*

Outra metáfora da qual nós podemos fazer uso é a imagem de alguém caminhando fora de um trilho, isto é, saindo do rumo a que estava destinado a andar. O caminhar do tóxico é aquele que atordoa nossos objetivos e não oferta a sensação de paz. Infelizmente, a maioria das relações que nos fazem mal são autorizadas por nós.

Padre Licio: *É preciso tomar consciência da nossa fragilidade e do mal; se eu começar por mim mesmo, percebo isso nos outros. Muitas vezes posso repetir o que São Paulo diz na carta aos Romanos 7,19: "Não faço o bem que quero, mas o mal que odeio". Apesar de haver condições para que o bem progrida, se realize, se multiplique, muitas vezes ele encontra obstáculos em nós, como a intolerância. Isso faz parte da humanidade, do caminho do ser humano. O mal é o limite, é o poder de ajudar e não fazer, escolher outro caminho, tomar outra decisão. José Tolentino Mendonça, autor português, diz o seguinte: "Estou convencido de que o mal maior em nós vem da omissão. Às vezes a gente não tem a liberdade interior de avançar para o bem". Em várias situações, somos invadidos pelo mal do outro, que entra em conexão com nossas fragilidades. O maligno, com suas atitudes, infiltra a maldade dentro de nós, e não há adoecer maior do que esse, fazendo-nos desejar o mal (para nós e para os outros), tornando-nos pessoas fechadas e rebeldes, ressentidas e magoadas, inclinando nossos pensamentos, emoções e ações para ele. Nesse sentido, a gente pode dizer que uma situação é tóxica quando o mal nos invade e toma conta de nossa alma ou psique.*

Karina: *Podemos entender que o tóxico é aquele que nos faz mal, mas não necessariamente o que faz mal naquele momento fará mal em ocasiões subsequentes. Dessa forma, o tóxico é aquele que impede e bloqueia nossas ações, nossa maneira de perceber o mundo e as situações, e, principalmente, nos invade com sensações de raiva, tristeza, frustração e descrença de que poderemos suportar o que precisamos suportar.*

Seria importante mencionar, a título de exemplo, algumas relações que consideramos tóxicas: por exemplo, as de dependência por meio das quais minha vida e felicidade dependem do outro.

Padre Licio: *Gosto de me lembrar da história de uma senhora de uma das comunidades onde eu trabalhei. Casada por 57 anos, no dia em que o marido morreu, ela falou para mim: "Padre, a minha vida acabou, porque a minha vida era ele". Por um lado, isso é bonito, por ser ato de amor por entrega; por outro, porém, percebi que ela depositou toda a expectativa dela nele. Colocar nossa vida em uma pessoa e em uma relação que é passageira, pois todos morreremos, na minha visão tem certa toxicidade.*

Karina: *Outro exemplo é o das relações de dependência de drogas e álcool. Ao mesmo tempo que devemos cuidar daqueles que estão em sofrimento por estarem dependentes, precisamos trabalhar em conjunto com as famílias, que, muitas vezes, são codependentes da disfuncionalidade familiar e sistêmica. Um acaba por "alimentar" o outro para que o processo autodestrutivo continue.*

Endossamos que toda relação traz benefícios para todas as partes envolvidas, mas se torna desigual e tóxica quando se caminha mais do que o outro, tendo em vista que quando existe soberania não há equilíbrio. Sabemos que é muito difícil atingir o equilíbrio, porém quando entendemos que estamos nos relacionando com outro diferente e que este, ao contrário de estar a serviço de suprir as nossas expectativas, entrou em nossa vida para conviver, *viver com*, percebemos que a importância das relações se dá quando aprendemos a viver com as pessoas não para que elas nos satisfaçam, mas para caminharmos juntos, cada qual com sua maneira idiossincrática. Em outras palavras, cada qual com sua história, com sua maneira de ser. "Cada um no seu quadrado."

Quando há um conflito, as diferenças devem ser respeitadas para que possamos conversar com o outro e a relação não se torne tóxica. Água parada traz doença. E relações que não conquistam novas maneiras de comunicação podem se tornar doentias. Lembremo-nos do texto "Portas", de Içami Tiba:

> Se você encontrar uma porta à sua frente, você pode abri-la ou não.
>
> Se você a abrir, pode ou não entrar em uma nova sala. Para entrar, você vai ter que vencer a dúvida, o titubeio ou o medo.
>
> Se você venceu, você dá um grande passo; nesta sala vive-se. Mas, também, tem um preço: são inúmeras outras portas que você descobre.
>
> O grande segredo é saber: quando e qual a porta que deve ser aberta.
>
> Não existe a segurança do acerto eterno.
>
> A vida é generosa: a cada sala em que se vive, descobrem-se outras tantas portas.
>
> A vida enriquece a quem se arrisca a abrir novas portas. Ela privilegia quem descobre seus segredos e generosamente oferece afortunadas portas.

Mas a vida pode ser também dura e severa: se você não ultrapassar a porta, você terá sempre essa mesma porta pela frente.
É a repetição perante a criação.
É a monotonia monocromática perante o arco-íris.
Para a vida, as portas não são obstáculos, mas diferentes passagens.

Karina: *A partir do momento em que a gente nasceu, temos condições de nos distanciarmos daquele que é mais semelhante. A Gestalt-Terapia, uma teoria psicológica, ensina sobre a confluência disfuncional, uma forma de contato que dificulta o distanciamento do que o outro pensa e sente, não sabendo o que é meu e o que é do outro. Também segundo a Gestalt-Terapia, o chamado "bebê azul" é aquele que nasceu e ficou sem respiração, o que faz o médico o virar de ponta-cabeça e dar-lhe uma "palmadinha no bumbum", após o que ele necessariamente precisa respirar e interagir com o meio. Ou seja, quando o bebê leva um susto, necessita respirar. É exatamente o que acontece no dia a dia. Muitas vezes, a gente não tem condições e acredita que não suportará os entraves do cotidiano; se não respirarmos, se não dermos fôlego, principalmente em momentos que nos sentimos sufocados, morreremos. A respiração significa nosso primeiro contato com o meio ambiente, com o mundo, com outro e com o diferente de nós. Sem a respiração, tornamo-nos um bebê azul, porque a partir da validação de que precisamos estar em relação constante é que poderemos sobreviver. Sendo assim, a respiração é uma grande metáfora para todas as dificuldades enfrentadas, sobretudo quando passamos por adversidades. É uma analogia que sempre estabeleço quando alguém apresenta dificuldades para mudar. A partir do momento que você não respira "o mundo", que* *não pede ajuda para o outro, não aceita o outro, você morre, pois não aceita as estratégias de ressignificar seus problemas. Como um bebê azul que recebe a palmadinha no bumbum, precisamos inspirar o ar para que sejamos realimentados, a fim de trocarmos com o mundo. Conseguiremos, então, "chorar" e criar as nossas ações. Se ficarmos paralisados em uma relação de dependência, recusaremos o ar, a troca e a interação com o outro que poderá nos ajudar para sair do limbo. Ao mesmo tempo que fomos lançados no mundo, temos de nos distanciar do conhecido, da eterna sensação de útero materno e da zona de conforto. Em contrapartida, percebo muitas dificuldades de outros aceitarem que mudamos. Agora me lembrei do pensamento sartreano: "o inferno são os outros" — o que significa, para mim, a base da intolerância existencial. Os outros estão sempre tentando nos encaixar em categorizações.*

É realmente difícil mudar, mas acredito que as relações de interdependência são convites para apropriações. A gente quer sempre voltar para a condição de zona de conforto, mas nascemos e precisamos assumir nossas ações para satisfazer as nossas necessidades. Não respirar significa não receber o diferente, troca que simboliza a importância da convivência humana. Aquele que não aceita respirar, que não aceitar trocas com outro, ou que se torna autossuficiente ou intolerante, não muda de lugar.

Padre Licio: *É como se a gente precisasse receber a constatação de que saímos do útero materno, não é? Não sei se se encaixa aí, mas só para não perder a ideia... Nessa sua linha de raciocínio, dá para pensar, por exemplo, na questão da intolerância, que é uma outra relação tóxica. Se não aceito a diferença do outro, este "outro" é insuportável para mim. Nego a aceitação do outro, portanto* *mantemos relações tóxicas. Tóxico com o outro e tóxico em relação a mim mesmo; à medida que eu torno o outro como centro da minha vida, meu mundo fica muito mais intolerante. No texto bíblico no livro do Gênesis há uma cena muito bonita: quando Deus cria o homem à sua imagem e semelhança; isto significa que o homem foi criado ser inteiro, como ele, Deus, o é. O sopro da vida em Adão se dá pelo respirar, pelo primeiro respirar do homem e, no caso do texto bíblico, isso ocorre mediante o respirar de Deus. É o sopro de vida que vem de Deus que dá existência ao ser humano. Karina, você fala que respirar é existir em si mesmo e existir para o outro. De certa forma, quando a relação se torna tóxica, ela é fogo que arde dentro da gente...*

Nesse momento, fomos interrompidos pelo alarme de incêndio e tivemos de evacuar o prédio de Edições Loyola. Ficamos por vinte minutos na rua até identificarmos ser alarme falso.

Karina: *Engraçado. Acredito que nada seja por acaso. Exatamente no momento que falávamos sobre fogo que arde dentro da gente, o alarme de incêndio tocou. Vocês viram o que a gente precisou fazer quando nos sentimos ameaçados pelo fogo? Precisamos sair dos nossos lugares, inclusive para nos proteger. Acredito que o mesmo deva acontecer quando a relação é tóxica. Precisamos aprender a sair dos lugares tóxicos, porque senão morreremos queimados. Paralisados em uma relação que nos faz mal, entramos em estado de putrefação; mesmo ameaçados, se não sairmos, corremos o risco de adoecer. Em meu livro A Vida não é do jeito que a gente quer, eu afirmo: "Penso que se não há explosão haverá implosão, e o suicídio é uma explosão 'implosiva', pois o algoz é a mesma pessoa que a vítima"* (FUKUMITSU, 2015, 213). *Quando tivemos de evacuar o prédio* *hoje, recebemos instruções para sairmos com calma e de forma organizada. Reforço que tivemos de sair, mas de maneira organizada, não no desespero. Caso saíssemos no desespero, seríamos talvez mais prejudicados. Para nossa segurança e para a dos outros, precisamos de organização e de disciplina. Penso que assim deva ser para nos afastar de quem nos faz mal.*

Tentar nos libertar do tóxico repentinamente talvez não seja uma boa estratégia. Saindo desesperado, a gente acaba, muitas vezes, se machucando mais. Ao destruir o outro com quem nos relacionamos, também fazemos mal a nós mesmos. Fiquei pensando aqui, com meus botões: qual é o poder do fogo? Não é o fogo que tem esse poder transformador? O fogo é destruidor, mas, assim como ele transforma, renova, destrói para criar possibilidades do novo. Dessa forma, enquanto o fogo é destruidor, aquele que "destrói a dor", o amor constrói a dor e nos oferta a possibilidade de ressignificar o sofrimento para continuarmos nossa vida. O alarme do fogo que aconteceu nesta reunião e no momento preciso me faz pensar que nada é por acaso. Nada do que nos acontece é em vão. Por isso, acredito que devamos aceitar as pistas que a vida nos ofertou, ou seja, enquanto estávamos conversando exatamente sobre sua dor e seu sofrimento, começou a soar o alarme. Fomos obrigados a sair do lugar em que nós estávamos confortáveis, em "nossa" sala de reunião, e precisamos de uma maneira cuidadosa e calma, descendo as escadas. Saímos do prédio e isso me fez realmente pensar que, às vezes, julgamos que a situação é alarmante, mas o caos está muito mais em nossa cabeça do que efetivamente está na condição de per si. *A catástrofe que imaginamos era a de que o prédio estaria pegando fogo, no entanto era apenas uma possibilidade, e não uma realidade. E por que foi que conseguimos sair de onde estávamos em calma e ordenadamente? Pudemos nos colocar em segurança de novo, porque o desespero, a desesperança e a sensação de desamparo e de abandono fizeram com que nos "atrapalhássemos". Perceber a verdadeira realidade foi crucial.*

Fico pensando que o sofrimento, às vezes, está muito mais no caos que nossa mente cria. Está também em nossas expectativas e no medo do futuro, que são enriquecidos por expectativas catastróficas. Durante uma sensação de ameaça, descemos juntos; após nos assegurarmos de que estava tudo bem, subimos, também juntos, e estamos em outra condição. Em situações nas quais nos sentimos mal perante as relações destrutivas, devemos inovar e criar condições para que a gente possa se reerguer mesmo em separações.

Padre Licio: *Lembrei-me da agricultura. Quando você queima a palha, as cinzas muitas vezes servem como adubo para gerarem nova vida. O solo fértil para o novo não é outra coisa, senão o que se queimou. Foi interessante o que você pontuou e acho legal essa aproximação de que devemos ser cautelosos para nos afastar daqueles com quem a gente convive que nos fazem mal, pois colocamos em risco nossa integridade emocional quando tentamos nos proteger. Retomando ao sopro da vida, devemos pensar em ir com calma para nos libertar do que é tóxico.*

O que são relações nutritivas? O que é nutriente para nossa vida, alma e maneira de ser?

Nutriente diz respeito àquilo que nos alimenta. É o que nos fortalece e protege, que nos previne de adoecer, que conforta e dá prazer.

Karina: *Acredito que nutrientes são alimentos para alma: respeito, amorosidade e acolhimento. Esses dias, ministrei um curso em Araçatuba e um moço chamado Anderson falou que "acolhimento é o regaço de mãe". É lindo esse ensinamento, pois regaço de mãe é esse colo que podemos dar em relação aos sentimentos e pensamentos do humano. Quando o outro o respeita, numa condição diferente da dele, e o acolhe, ele está oferecendo a você esse regaço de mãe. A aceitação que a gente precisa implementar, e que não necessariamente tem de ser incondicional, poderia ser uma aceitação da condição diferente daquela que se tem como possibilidade enquanto humano. Ou seja, em vez de aceitação incondicional, gostaria de convidar ao leitor a adotar a aceitação condicional vinculada ao que é do humano. Em outras palavras, é preciso aceitar a forma como o outro pode se mostrar: diferente e por si só, único e singular. Aceitar sem julgamentos, o que remete à frase que elaborei, tempos atrás: "Quem está longe julga e quem está perto compreende" (FUKUMITSU, 2012, 71). Assim, acredito que não faz absolutamente nenhuma diferença* *a maneira como as pessoas estão nos vendo, mas, sim, a forma como vemos nossa verdade e construímos nossas convicções. Não dá para julgar o outro, apenas compreendê-lo. Como o dito popular reza: "É fácil ser pedra, o difícil é ser vidraça".*

Padre Licio: *É bacana, porque vivemos isso hoje, quando eu lhe contei uma situação de muito sofrimento pela qual estou passando. E você, Karina, por estar perto de mim — não só agora, como amiga, mas também neste projeto —, foi capaz de compreender e de acolher minha dor e me dar colo. Então, estou emocionado. Por isso, é importante a gente construir relações nutritivas. Obrigado por me nutrir!*

Karina: *Fico emocionada com sua fala, padre Licio. A relação nutritiva é aquela em que existe respeito, zelo e acolhimento, sobretudo nessas situações difíceis que, às vezes, deixam a gente desesperado, querendo mostrar para o outro que aquela difamação está incorreta ou que tudo o que estamos vivendo não é verdadeiro. Na realidade, cada um tem a própria verdade. Não importa o porquê, mas, sim, a verdade que a gente constrói no laço a partir do nosso relacionamento. E esse será nosso legado. Acho que vale a lição de que as relações nutritivas são aquelas em que a gente não sofre sozinho.*

Há um grupo no WhatsApp chamado "Acolhimento", do qual nós dois participamos, e um dia Jéssica da Silva Silveira postou a seguinte história:

> Santo Agostinho, certa vez, escreveu sobre quando foi para o deserto fazer um retiro de silêncio e foi acometido por todo tipo de visão — tanto demônios quanto anjos. Disse que em

sua solidão, algumas vezes, encontrava demônios que pareciam anjos, e outras vezes anjos que pareciam demônios. Quando lhe perguntaram como ele sabia a diferença, o santo respondeu que só se pode dizer quem é quem com base na sensação que se tem depois que a criatura foi embora. Se você ficar arrasado, disse ele, então foi um demônio que veio visitá-lo. Se você se sentir mais leve, foi um anjo.

Conflitos interpessoais nos ferem, e ferimentos são difíceis de "engolir", pois sequestram a sensação de que estamos protegidos. Consequentemente, a ameaça de destruição de nossas ideias e convicções e da existência vem à tona. Por "engolir" entende-se aquela sensação de que deveríamos enterrar esses ferimentos bem lá fundo de nossa existência para não nos incomodar mais. Certas emoções, então, são reprimidas e, se não prestarmos a devida atenção, repetiremos padrões de comportamento autodestrutivos e aceitaremos o que ouvimos dos outros, principalmente críticas, nas quais passamos a acreditar. Desvalorizamos nossos sentimentos e, sobretudo, desmerecemos nossas dores quando perdemos a credibilidade em quem somos.

As pessoas nos provocam decepções. Decepcionamo-nos com nós mesmos, com nossas falhas e fracassos; com nossa família, nosso(a) parceiro(a), amigos, colegas de trabalho. Muitos reagem aos desenganos com a resignação, procuram ajustar a vida como ela é, mas, em seu coração, toda vitalidade e esperança desapareceram. Sentem-se carentes de algo, de alguém, de amor.

Todos nós somos acometidos pela carência, que pode ser mais ou menos intensa, pode durar um curto período ou um tempo um pouco maior, ou então, em alguns casos, a vida toda. Na maioria dos casos, não fomos ensinados e treinados para suprir nossas carências, ao menos temporariamente. Imaginamos que só conseguiremos supri-las se estivermos com alguém, com um parceiro ou parceira. Isso é muito comum, e você deve conhecer alguém que "não consegue ficar sozinho".

Muitas vezes, nossas carências nos cegam de modo tal, que nem conseguimos perceber que temos várias fontes de afeto. Nossa cultura exige que estejamos sempre em companhia, "ficando", namorando ou permanecendo casados, como se isso fosse garantia de plenitude afetiva. Mas não é verdade!

Por causa de nossas carências, por medo da solidão, ficamos mais frágeis e abertos a relacionamentos que se transformam em sofrimento e problemas. Nós nos envolvemos com pessoas difíceis, manipuladoras, ciumentas em excesso, insensíveis, desrespeitosas, até que nos damos conta, certo tempo depois, de que continuamos sem afeto, vazios, mendigando amor e atenção. Esse comportamento nos torna infantis, inseguros e imaturos. Afinal, como o filme *As vantagens de ser invisível* ensina: "Nós aceitamos o amor que achamos que merecemos".

Somos convidados a perceber outros aspectos da vida. Então, quando você se sentir vazio e carente, tente olhar para sua família, seus amigos, seus colegas de escola, faculdade ou trabalho. Há muitos sinais de carinho silencioso emitidos por eles, visando ao seu bem-estar. Por exemplo, uma brincadeira, uma demonstração de confiança, um jantar preparado com amor, um convite para um almoço, a partilha de uma alegria. Seja capaz de reconhecer afeto nessas pequenas atitudes; se você assim o fizer, vai se sentir muito mais saciado e feliz. Mas tão importante quanto se sentir acolhido afetivamente pelos outros, é aprender a cuidar e a nutrir a si mesmo.

Padre Licio: *No início do meu sacerdócio, eu tinha muito medo de morar sozinho, tinha medo da solidão. Na minha infância e* *juventude vivi com minha família; depois, no seminário, com vários colegas e professores. Quando fui designado para a minha primeira paróquia, aos 26 anos de idade, morei sozinho pela primeira vez. Todas as noites, após o trabalho pastoral, eu ia a um bar perto da paróquia para tomar umas cervejas e ver gente. Só depois ia para casa e caía direto na cama. Nessa época, eu já estava em terapia.*

Levei a questão para o meu terapeuta, que me disse: "Claro que você tem que sair toda noite para beber. Você não aguenta ficar com você mesmo. Vai ter que aprender a ser companhia para si mesmo. Uma coisa é solidão, outra é estar consigo mesmo". Ele passou a me dar pequenas dicas de autocuidado: "Quando sentir a solidão o angustiando, tente vencer o impulso de sair correndo para o bar e vá fazer alguma coisa de que gosta. Se você gosta de tomar banho, vá tomar um banho gostoso; se você gosta de ouvir música, arrume um lugar bem confortável e ouça música; caso goste de desenhar, vá desenhar". Foi uma descoberta que mudou a minha vida. Ele me ensinou e eu repasso o ensinamento: valorize suas qualidades e aprenda a reconhecer as coisas legais que você faz, a pessoa legal e bacana que você é. Fazendo isso, você aprendeu a não estar na solidão, mas a estar consigo mesmo, a alimentar sua alma consigo mesmo. Esse aprendizado é fundamental.

Aprenda a se dar pequenos presentes, desde uma xícara gostosa de café que você preparou para você mesmo, até, quem sabe, uma viagem que você adoraria fazer. Aprenda a curtir o momento enquanto estiver preparando seu café, por exemplo. Você pode relaxar enquanto toma seu banho, ou até mesmo quando prepara a pipoca para assistir àquele filme que você quer ver.

As pessoas que escolhemos para estar ao nosso lado, sobretudo numa relação amorosa, estarão mais próximas de nos satisfazer afetivamente quando nós formos "mais" nós mesmos, quando nos amarmos primeiro, pois elas estarão se relacionando com "uma outra pessoa" diferente delas; uma pessoa movida pelo desejo de estar acompanhada, e não mais de estar simplesmente com pessoas que "a amem", movida pela necessidade de suprir suas próprias carências. Pelo contrário, quando isto não acontece, aí se "projeta" no outro aquilo que não se tem, e a pessoa termina por sentir-se profundamente só.

Quando aprendemos a amar a nós mesmos, somos capazes de suprir as necessidades físicas, emocionais, mentais e espirituais, além de ficarmos mais atentos e alertas para perceber melhor se a pessoa com a qual estamos nos envolvendo tem as qualidades que merecemos e verdadeiramente desejamos. Então, é importantíssimo olhar e cuidar de si mesmo, e reconhecer os inúmeros afetos que nos cercam. E, antes de sair desesperadamente buscando fora de você o preenchimento dos vazios do seu coração e dos buracos de sua alma, faça por você mesmo o que você gostaria que o outro fizesse. Numa palavra, cuide de você. Ame-se!

Certa vez, fazendo um retiro espiritual, o pregador nos entregou o texto a seguir, cuja autoria é atribuída a Frei Betto e que nos ajuda a lidar com a necessidade de ser amado:

> Faça-se novo!
>
> Reduza a ansiedade, regue de ternura os sentimentos mais profundos, imprima a seus passos o ritmo das tartarugas e a leveza das garças.
>
> Não se mire nos outros; a inveja mina a autoestima, fomenta o ressentimento e abre no centro do coração o buraco no qual se precipita o próprio invejoso.
>
> Espelhe-se em si mesmo, assuma seus talentos, acredite em sua criatividade, abrace com amor a pessoa que você é. Nunca

existiu nem jamais existirá alguém igual a você, você é único e irrepetível. Evite, porém, o olhar narcísico.

Seja solidário, estenda aos outros a mão, o coração, e oxigene a própria vida.

Não seja refém de seu egoísmo, cuide do que você fala. Não professe suas difamações e injúrias. O ódio destrói a quem odeia, não o odiado.

Troque a maledicência pela benevolência. Comprometa-se a expressar alguns elogios a si mesmo e aos outros por dia, sua saúde mental e espiritual lhe agradecerá.

Não desperdice a existência hipnotizado pela TV ou navegando aleatoriamente pela internet, ou conectado o tempo inteiro em redes sociais naufragado no turbilhão de emoções e informações que você não consegue sintetizar.

Não deixe que a sedução da mídia e das redes sociais anule sua capacidade de discernir e o transforme num consumista compulsivo.

A publicidade sugere felicidade e, no entanto, nada oferece a não ser prazeres momentâneos.

Centre sua vida em bens infinitos, nunca nos finitos.

Leia muito, reflita, ouse buscar o silêncio neste mundo ruidoso, lá você encontrará a si mesmo e, com certeza, um outro que vive em você e que quase nunca é escutado.

Cuide da saúde, mas sem a obsessão dos anoréxicos, ou dos que tomam anabolizantes para ostentar somente músculos, nem tampouco dos que devoram alimentos com os olhos.

Caminhe, pratique exercícios, sem descuidar de aceitar as suas rugas, e não tema a marca do tempo em seu corpo.

Frequente também uma academia para malhar o espírito e passe nele os cremes revitalizadores da generosidade e da compaixão.

Não dê importância ao que é fugaz, nem confunda o urgente com o prioritário.

Não se deixe guiar por modismos.

Observe quantas coisas são oferecidas nas lojas que você não precisa para ser feliz.

Jamais deixe passar um dia sem um momento de oração.

Se você está em crise de fé, ou a perdeu, ou nunca a teve, mergulhe em sua vida interior, ainda que por cinco minutos todos os dias.

Arranque de sua mente todos os preconceitos e, de suas atitudes, todas as discriminações. Lembre-se, como você, cada pessoa é única e irrepetível e tem seu valor e sua dignidade, que devem ser respeitados.

Seja tolerante, esforce-se para colocar-se no lugar do outro.

Todo ser humano é o centro do universo e morada viva de Deus.

Antes de criticar, indague a si mesmo por que às vezes você provoca nos outros antipatia, rejeição, desgosto.

Revista-se de alegria e descontração. A vida é breve e, de definitivo, só conhece a morte.

Faça algo para preservar o meio ambiente, colabore para despoluir o ar, a água e reduzir o aquecimento global. Não utilize material que não seja biodegradável.

Trate a natureza como aquilo que ela é de fato: a nossa mãe. Dela Deus nos fez e a ela voltaremos.

Hoje vivemos do beijo na boca que ela nos dá continuamente: ao nutrir cada um de nós de oxigênio e alimentos.

Guarde um espaço no seu dia para conectar-se com o Transcendente.

Deixe que Deus acampe em sua subjetividade.

Aprenda a fechar os olhos para ver melhor.

Céticos, vivemos um momento de perguntas sem respostas e que tendem a confundir mente, coração e alma. Na tratativa com alguns que nos feriram, não devemos perder tempo com quem nos faz mal. Anna L. Ramos afirma: "eu só preciso estar em paz. Quanto a estar certa, eu deixo para quem faz questão". Não gaste suas poucas energias para convencer o outro de sua verdade! Em contrapartida, acreditamos que acolher o que nos fragiliza é sinal de fortaleza.

Padre Licio: No seu relacionamento com você mesmo, com os outros e com Deus, se você crê nele, será possível que sentimentos julgados inóspitos encontrem lugar em sua existência. Muitos de nós crescemos ouvindo estas frases: "Por que você está chorando por esse motivo simples?"; "Não chore! Engula o choro!"; "Você tem de ser forte...", "Você está triste apenas por isso?", "Não é preciso chorar!", "Os homens não choram!", "Isso que você está sentindo não tem razão de ser"...

Sim. É exatamente isso que as frases supramencionadas, aparentemente tão inofensivas, podem criar: o total desconhecimento do que sentimos e, por consequência, de quem somos, do que gostamos, sobretudo do que queremos ser para sermos amados.

Necessidade de ser amado

Todos nós queremos ser amados. O problema é que nem sempre sabemos onde procurar e por quê. Quantas vezes mendigamos o amor dos outros? Quantos de nós nos enganamos e nos traímos para buscarmos o amor alheio e a ilusão de sermos amados?

Nascemos com a sensação de desamparo. Ao sairmos do ventre de nossa mãe, desejamos nos alimentar. O bebê sente fome, e não apenas de alimento. Ele quer algo mais: aconchego, proteção, afeto, ternura, carinho; numa palavra, amor.

Padre Licio: *Necessitamos de amor para crescermos saudáveis, para nos constituir como pessoa humana, como ser, donos da nossa vida e da nossa história. Nós nos desenvolvemos em ambientes que nem sempre são suficientemente bons. Muitos amargam carências ou traumas; tristezas ou desamparos; raivas guardadas ou perdas irreparáveis. No fim das contas, crescemos correndo atrás desse algo mais que buscamos desde o início: o amor. E, mesmo quando o encontramos, notamos que não estamos satisfeitos, plenos, unos. Somos essencialmente insaciáveis, quebrados por dentro, frustrados, famintos. O amor de que necessitamos revela que temos necessidade do outro. E este nos falta. Para que amemos, é sempre necessário reconhecer e confessar essa falta. Só quando temos a consciência* *(sempre relativa, de um modo ou de outro) de que somos incompletos e que temos um coração vazio e ansioso para ser preenchido, nos tornamos realmente desejosos e utilizamos a linguagem para atrair, seduzir, deixar-nos cair nas mãos, nos braços, no coração de quem queremos como companhia de nosso dia a dia e parceria sexual. O amor é conquista, e sempre tem um componente sexual, mesmo quando se desloca e sublima-se em amizade ou em causas justas e nobres, sociais ou divinas.*

Há ainda um aspecto importante e muito profundo do amor. Cada vez que buscamos ser amados, ou melhor, encontramos o amor, no fundo, no fundo, desejamos alguém que nos responda à pergunta mais importante e fundamental de nossa vida: quem sou eu? Amar é exatamente saber sobre si mesmo no outro. É o outro que eu escolho para responder à questão que me faço desde o começo da vida, porque, por mim mesmo, eu nunca saberia quem sou. O outro nos revela a nós mesmos. Tudo o que sabemos sobre nós foi revelado pelo outro. Saint-Exupéry, no clássico O pequeno príncipe, *afirma que o essencial é invisível aos olhos. Sim, é. Aos nossos olhos e aos olhos do outro. Por isso, a resposta a essa pergunta inquietante e que gera a necessidade de amar e ser amado só pode ser dada pelo coração. Esse autor diz ainda que "só se vê bem com o coração". No entanto, como seres de linguagem e de cultura que somos, precisamos das palavras ou, se elas não podem ser ditas, de toques ou substituições. Apenas permanecemos numa parceria amorosa enquanto acreditarmos que temos ou teremos o reconhecimento do outro.*

Gosto muito dos textos do psicanalista Jacques Lacan, que diz em um de seus aforismos que amar é dar o que não se tem a quem não o quer. Porque não temos essa resposta para dar ao outro, uma vez que todos nós somos movimento e nunca seres estanques. Ele lembra que amar também é doar sua falta, seu vazio, sua incompletude ao outro. Entretanto, esse amor é sempre falho, incompleto. Lembrei-me do poema "Minha infância", de Cora Coralina:

> Quando nasci, meu velho pai agonizava,
> logo após morria.
> Cresci sem pai,
> Secundária na turma das irmãs.
> Eu era triste, nervosa e feia.
> Amarela, de rosto empalamado.
> De pernas moles, caindo à toa.
> Os que assim me viam, diziam:
> "Essa menina é o retrato vivo do velho pai doente".

O amor é falho, porque os pais são falhos, incompletos e, algumas vezes, ausentes. Ou até mesmo sofrem de alguns transtornos. Estamos falando de traumas, ausências, presenças e lágrimas. Como dito na introdução deste livro, só amamos quando nos doamos por inteiro; quando baixamos a guarda; quando nos abrimos. Apenas há amor quando há entrega total de si mesmo. Nesse sentido, o desejo e a fantasia de todo ser humano, em qualquer tempo ou lugar, é amar e ser amado. Precisamos disso para aguentar o peso terrível do cotidiano. Nada melhor do que o amor. Nenhuma defesa, nenhum semblante, nenhuma neurose ou outro sintoma substitui o amor em sua capacidade de levar o sujeito a inventar o próprio estilo e assumir seu modo de gozar e de cuidar de quem ama, a ser melhor para melhorar o outro. Embora o amor não seja feito apenas de palavras, é nas atitudes que ele se mostra.

O amor que tanto buscamos traz consigo uma nova percepção da vida, uma alegria e um desejo de viver únicos. Como já dissemos, é um entregar tudo de si para si a fim de conseguir se entregar ao outro. A única condição é procurar ser transparente, dar o melhor do que possui, liberando-se de tudo aquilo que o impede de voar alto. É provável que, quando nos doamos para nossos propósitos e sonhos, não perdemos, pois tudo é transformado em algo absolutamente mais precioso, como explica o grande poeta indiano Rabindranath Tagore:

> Andava mendigando de porta em porta
> ao longo da vereda da aldeia
> quando sua carruagem dourada
> apareceu na distância
> como um magnífico sonho,
> e me perguntei quem seria
> este Rei de todos os reis!
> Minhas esperanças cresceram, e pensei
> que os dias tristes tivessem passado
> e fiquei na espera de dons não requeridos,
> de riquezas abundantes por toda a parte.
> Tua carruagem parou perto de mim.
> Olhaste-me e desceste sorrindo.
> Senti que tinha chegado
> A fortuna da minha vida.
> Mas, improvisadamente,
> me estendestes a mão
> pedindo: "Que tens para dar-me?"
> Que gesto régio foi o teu!
> Estender a mão a um mendigo
> para mendigar!
> Fiquei indeciso e confuso.
> Depois tirei do meu alforje
> O menor grão de trigo
> E te ofereci.
> Mas qual não foi minha surpresa

> Quando, terminado o dia, esvaziei
> meu alforje por terra e encontrei
> um grãozinho de ouro no meu pobre acervo!
> Chorei amargamente e desejei
> Haver tido a coragem
> De doar-te tudo aquilo que tinha.

O ser humano é necessitado de amor. Não nos contentamos apenas pelo fato de existirmos. Precisamos da experiência de sermos amados por alguém. Como já foi dito, se nos sentimos amados, nós nos transformamos e resplandecemos.

Se algum amigo percebe que estamos sendo amados ou amando alguém, diz: "Você está mais bonito", "Você está diferente", "Você está com cara de quem está apaixonado". O amor nos faz ser, e não somente existir. Quando nos transformamos, tudo pelo que estamos cercados se transforma. As coisas ao nosso redor existem, mas só nós podemos amá-las. Se quisermos colaborar na redenção de alguém, precisamos amar esse alguém. Lembrando a frase cujo autor desconhecemos: "Pessoas mais felizes não têm o melhor de tudo. Elas apenas fazem o melhor com tudo o que têm".

Padre Licio: *Thomas Merton, um grande monge trapista católico do século passado, costumava dizer: "O amor é nosso verdadeiro destino. Não encontramos o sentido da vida sozinhos — nós o encontramos com um outro". Quando a gente busca o pecado, na verdade estamos atrás de alguém que nos ame. Nós, na verdade, necessitamos de um amor que não pode ser saciado por nada nem por ninguém. Seus pais, namorado(a), por mais que o amem, nunca saciarão sua sede de amor.*

Como diz São Paulo:

> Tenho certeza de que nem a morte, nem a vida, nem os anjos, nem os principados, nem o presente, nem o futuro, nem as potências, nem a altura, nem a profundeza, nem outra criatura qualquer será capaz de nos separar do amor de Deus, que está no Cristo Jesus, nosso Senhor (Rm 8,38-39).

Esse amor incondicional só encontramos em Deus. Apenas ele nos ama assim, desse jeito: um amor que não decepciona, que não trai, que nos ama como somos, porque ele é amor, e o amor não pode deixar de amar. E nos ama incondicionalmente. A gente descobre que é cristão quando percebemos que somos amados pelo Pai.

Muitos santos na história da Igreja não sentiam a Deus, mas percebiam o quanto ele os amava: São João da Cruz, Madre Teresa de Calcutá e tantos outros. O Senhor nos ama não por causa de nossos atributos, mas porque nos fez e somos seus. É um amor gratuito, sem interesse e sem merecimento de nossa parte; por isso, os que creem no amor de Deus — e de maneira especial nós, que nos dizemos cristãos —, sentem-se na obrigação de retribuir seu amor. O amor dele por nós chega ao cúmulo do paradoxo. Ama o imerecido.

Certa vez, C. S. Lewis disse: "O que precisamos é do amor imerecido". Muitos se sentem como alguém que não vale absolutamente nada, mas esse nada é infinitamente amado por Deus. Afinal, "amar é ser vulnerável". Jean Vanier, fundador da "Arca", comunidade que acolhe pessoas com necessidades especiais, em 150 centros espalhados pelo mundo, fala a respeito da sua fragilidade:

> Minha esperança e minha oração é que, quando chegar o momento da fraqueza, eu possa sempre aceitar e regozijar-me por tudo que me foi dado. A vida humana começa e termina na

fragilidade. Ao longo de nossas vidas somos ávidos por segurança e dependentes de ternura.

A *vulnerabilidade "uniu-se a nós em nosso presente e nosso futuro próximo ou distante". Como então caminhar em direção a um amor maior, sem nos tornarmos presas de nossos medos? De uma maneira simples, diz Vanier, é preciso aceitar nossa fragilidade, porque "amar é ser vulnerável".*

A exigência de ter de ser alguém e perfeito

> Amigo, não seja perfeccionista. O perfeccionismo é uma praga e uma prisão. Quanto mais você treme, mais erra o alvo. Você é perfeito, se se permitir ser (PERLS, 1979, 125).

Outro caminho adotado para driblar a sensação de vazio é a demanda de ser perfeito. Por termos a necessidade de agradar aos outros e de mostrar "o nosso melhor", a exigência do perfeccionismo pode nos destruir, pois acreditamos que "nosso melhor" advém da capacidade de integração entre as nossas características positivas e os nossos defeitos.

Bem-vindo, leitor, ao século em que a perfeição não é mais admirada, e sim exigida, e em todos os setores da vida. Hoje, deparamo-nos com exigências de perfeição no trabalho e nos relacionamentos sociais e amorosos. Ou seja, o tempo todo alguém o está cobrando o impossível! Afinal, ninguém é perfeito. Esta é a década do egoísmo, de pessoas intolerantes com os defeitos do próximo, mas completamente cegas perante os próprios defeitos. Querem alguém que se adapte a elas, mas não pretendem mudar em prol do outro. Entenda que você está sendo avaliado o tempo todo, no trabalho, no círculo de amizades e no relacionamento a dois. Não basta ser inteligente e agradável, a exigência imposta vai muito além. O pior de tudo é saber que a famosa frase "são duas medidas e dois pesos" é verdadeira. Lá no fundo, nunca olhamos para os outros da mesma forma como olhamos para nós mesmos. Estamos sempre analisando por aquilo que sentimos que podemos fazer, enquanto observamos por aquilo que os outros fazem. A nossa era é competitiva e superlotada, então se você não se adequar às exigências impostas, será rapidamente substituído. Sempre haverá alguém para tomar o seu lugar, seja no trabalho, no papo com os amigos ou no relacionamento amoroso.

Tem de ser...
Tem de ser...
Tem de ser.

Não faça isso com você. Não exija ser quem não é. Você apenas tem de ser você mesmo e respeitar sua condição existencial e seus sentimentos. Isso se refere à hospitalidade, de que falamos no início deste livro: hospede quem você é e como você pode estar a cada momento; é o caminho para aprender a se amar e se aceitar. Trilhe o percurso de articulação entre suas qualidades, limites, fragilidades e pontos fortes, despindo-se das cobranças e aprendendo a amar e aceitar aquilo que é mais verdadeiro em você.

Como lidar com as exigências externas? Quem você ama pede para que você seja uma pessoa diferente de quem é?

Padre Licio: *Se os pais dizem algo, o filho tende a pensar que aquilo é uma verdade. No entanto, reflita: você é uma pessoa diferente de seus pais e daqueles que você ama. O que os outros dizem de você reflete o que você é. Para os adolescentes, muitas vezes enfrentar esse dilema é mais difícil, tendo em vista que eles estão vivendo uma fase de identificação, de transição. O importante é você ser capaz de ouvir a sua voz interior, o seu grau de consciência, o seu coração* *e a sua emoção. Nada mais legítimo do que a sua emoção e o seu coração; e o coração, na perspectiva bíblica, é o símbolo da alma, da essência da vida. Nele Deus habita, e o Senhor é aquele que mais se parece conosco. Parece estranho mas é assim: ele se parece conosco porque nós fomos criados a sua imagem e semelhança e ele quer se fazer um de nós; portanto, acolher e entrar em contato com as suas emoções, com a sua alma, é em certo sentido encontrar-se com a verdade Divina que habita em você.*

Em tempos como o nosso, é muito difícil encontrar aqueles que usam o mesmo critério para julgar os outros e a si mesmos. O intrigante disso tudo é pensar que estamos vivendo uma era superconectada e, não obstante, nunca estivemos tão solitários. As pessoas parecem tão preocupadas com questões sociais no caloroso debate com os amigos, mas, assim que viram a esquina e veem uma criança dormindo na rua, viram o rosto ou fazem um curto comentário falso sobre a lástima que acabaram de ver. Os indivíduos nunca foram tão brilhantes e tão superficiais como hoje. Não é incomum ouvir amigos se queixando de que seus relacionamentos estão frios e desgastados, e que talvez seja melhor trocar de emprego, amigos e namorados. O que eles não sabem é que o chefe, os amigos e os(as) namorados(as) estão pensando o mesmo. Quão grande é o engano do julgamento humano! As pessoas só descobrem o que é importante depois que perdem o que tinham.

No trabalho, os superiores querem funcionários que sejam verdadeiros maestros financeiros, que consigam compor rapidamente vários arranjos de lucro. No círculo de amizades, é esperado que você seja atencioso, que mantenha comunicações frequentemente, que seja uma verdadeira UTI emocional, que compartilhe interesses em comum, entre várias outras aptidões. Nos relacionamentos amorosos, então, nem se fala! Estamos perdendo a magia de viver e transformando a vida numa corrida desenfreada e que nunca termina; afinal, ninguém jamais vai atingir a perfeição.

O mundo está mudando constantemente e se hoje você é melhor, amanhã pode não ser mais. A população está numerosa, é uma época repleta de pessoas incríveis e, ao mesmo tempo, curiosamente insatisfeitas. O trabalho nunca está bom, os amigos não são exatamente os exemplos que se vê nos livros e os corações apaixonados nunca se amam verdadeiramente. Você está num emprego até conseguir coisa melhor; o seu chefe, por outro lado, pensa em você como funcionário até surgir alguém mais qualificado. Existe o amigo que você tem até conseguir outro amigo que tenha mais contatos, que seja mais "baladeiro", que conheça mais pessoas interessantes para lhe apresentar. O seu amigo, por sua vez, pensa o mesmo sobre você. Você está com alguém, até que surja outro mais interessante, bonito e bem-sucedido; e essa pessoa pensa o mesmo de você. Qual é a moral da história? Isso eu respondo rapidamente: ninguém nunca está plenamente feliz com o que tem.

Espero que os meus exemplos sejam úteis para que as pessoas se tornem mais tolerantes com o próximo. A exigência eterna da perfeição só existe mesmo no trabalho, e dessa não dá para fugir. No entanto, as amizades não precisam ser perfeitas, amigos podem ser bobos e é até legal se eles forem, pois assim você ri muito à toa. E quanto aos corações que nunca se encontram? Um dia, quando você não quiser e não precisar, quando não estiver esperando, alguém vai cruzar seu caminho e fazer seu coração bater mais forte e as palavras lhe fugirem da boca.

A vida já é perfeita por si só, isso faz com que você pense que talvez o melhor seja viver de um jeito mais leve e tentar ser alguém melhor todos os dias, e não somente quando o estão avaliando. Por isso, uma das melhores maneiras de suspendermos a necessidade de ter que ser algo que não somos, ou de ter de ser perfeitos, é o humor. No humor, de certo modo, se entrevê tudo aquilo que somos realmente. No humor nos sentimos reconciliados com a nossa condição humana, com a nossa fragilidade. Que bênção poder rir de si mesmo, e das besteiras que a gente faz. No humor está presente a aceitação de mim assim como eu sou. Ele é um sinal de transcendência, quando nos reconciliamos com a nossa condição humana, com a nossa fragilidade. No humor está sempre presente a aceitação de mim como eu sou. Saber lidar com as tensões do dia a dia é fundamental. Sem tensão e sem contradições, não há vida.

Karina: *Exigimos de nós mesmos por acreditarmos que não devemos errar, mas quem não comete erros? Tornamo-nos perfeccionistas. Reflita se o que você sente e julga como ruim não tem direta relação com a maneira como você gostaria de se mostrar para o outro. Normalmente, exigimos mostrar perfeição e muitas vezes a própria sociedade nos cobra isso: para a gente não se fragilizar; para que a gente sempre esteja bem, forte e que a gente sempre esteja feliz. Mas quem consegue ser perfeito, ser constantemente feliz? Não conheço ninguém. E se não nos tratarmos com generosidade, a situação complica mais.*

Padre Licio: *A exigência de ter de ser alguém é cruel.* **Exigência**, *palavra de nove letras que significa ato de exigir, de impor certas condições para satisfazer determinados desejos. A exigência é um tipo de conceito unido ao mundo da psicologia e da espiritualidade, e que obriga certas normas de conduta de maneira estrita e, algumas vezes, punindo margens de erro ou de flexibilidade. Exigências cada vez mais fazem parte da vida nesta sociedade competitiva, e são* *necessárias para superar-se a si mesmo e aos outros. Pelo teor das exigências, um indivíduo ou uma empresa pode demonstrar melhor desempenho e gerar uma maior demanda para seu produto ou serviço, seu crescimento, sua conversão pessoal. No entanto, exigir muito pode ocasionar problemas de saúde. Os seres humanos têm suas limitações e são diferentes entre si.*

A exigência pode ser positiva para o desenvolvimento pessoal, mas é capaz de levar aquele que é frágil emocionalmente a perder a noção correta das coisas e até mesmo a praticar ações destrutivas em relação a si mesmo. As exigências afetam menos quando são feitas em relação a todo um grupo. Várias pessoas lutando para conseguir um mesmo objetivo é uma forma de motivação que normalmente traz benefícios a uma empresa, grupo ou situação. No entanto, a exigência a uma só pessoa pode ser prejudicial, já que esta pode não estar dentro dos padrões necessários para assumir as pressões e alcançar os objetivos.

A autoexigência, por sua vez, é positiva até certo ponto. Se começa a crescer muito dentro de alguém, pode desencadear um alto nível de estresse porque as expectativas são sempre maiores do que aquilo que estamos produzindo. Muitas pessoas fazem isso para manter um padrão de produção ou uma imagem de perfeição que, às vezes, pode ter sérias consequências. Em resumo, a exigência é uma forma de impor e de controlar ações para obter benefícios, sejam materiais ou morais. Em uma dose normal pode ser motivadora, mas em excesso pode destruir a estrutura emocional. E ela vem de quem exige, de quem acha que os outros precisam constantemente de sua pressão e controle para um bom rendimento, daquele que exige de si mesmo uma atitude que procura sempre chegar à excelência.

Inveja, posse, competitividade e necessidade de delimitar território a qualquer custo são sentimentos originados na infância, quando exigimos ser perfeitos e deixamos nosso olhar desfocado daquilo que é realmente essencial.

A possibilidade de ser perfeitamente imperfeito

Quando nos autorizamos a errar, a vida parece se tornar mais leve. E, para dar leveza ao nosso dia a dia, será preciso lançar mão da humildade e do humor. Quem busca a lapidação de suas convicções deve ser humilde e ter bom humor.

O humor nos faz humildes, talvez por isso as pessoas mais orgulhosas e que não lidam com sentimentos inóspitos são tão mal-humoradas ou arrogantes. Somos arrogantes quando não damos crédito ao outro. Um aspecto importantíssimo da humildade consiste em olhar com bom humor a própria realidade e a própria vida, mas também relatar o caminho do fracasso, onde a vida parece acabar. E é exatamente aí que ela pode nos abrir para Deus. Quando aceitamos que somos ofendidos, necessitados de amor, dependentes de elogios, sensíveis, frágeis e muitas vezes carentes, tornamo-nos mais humanos do que se fôssemos mais seguros e insensíveis. A humildade leva à verdade interior, ao bom humor.

Tendo humor, uma situação difícil é enfrentada e superada emocional e espiritualmente, reconciliando-se com ela e relativizando-a. Entretanto, o humor vive de mãos dadas com a realidade porque a escancara e a transforma. O idealista pode vir a ser alguém que está, na verdade, fugindo da própria realidade. Por exemplo, uma vez que não sou como gostaria de ser e tenho que ser alguém que não sou, refugio-me em elevados e inatingíveis ideais, desenvolvendo teorias e experiências de vida espiritual que nada têm a ver com a realidade.

O mais cruel, é que não para por aqui: essas dificuldades, e todas as consequências em "colocar para dentro", se perpetuam de geração em geração, e são o que em psicologia chamamos de introjeções, crenças e afirmações que engolimos por inteiro, sem a devida assimilação. É o que acontece com o choro. Seres humanos tentam inibir o choro. O ato de chorar é uma provocação para mudança, pois é uma comunicação. O que seu choro fala? O que significa engolir o choro?

Engolir o choro quer dizer cortar a possibilidade de fazer com que você possa se nutrir do que é seu, fazer o outro se aproximar. Além disso, é sua comunicação e ferramenta mais importante para que saia de sua escuridão.

Karina: *Acredito que o acolhimento e a proximidade fazem total diferença na ressignificação dos processos autodestrutivos. Como afirma Rubem Alves (2013, 97-98): "Sem fome o corpo se recusa a comer; forçado ele vomita. Toda experiência de aprendizagem se inicia com uma experiência afetiva. É a fome que põe em funcionamento o aparelho pensador. Fome é afeto. O pensamento nasce do afeto, nasce da fome. Afeto, do latim* affetare *quer dizer, 'ir atrás'. O 'afeto' é o movimento da alma na busca do objeto de sua fome". Portanto, pensar sobre inospitalidade significa refletir sobre o oposto — hospitalidade. Nesse sentido, quando achamos que está tudo perdido, lembremos que já fomos capazes de lidar com muitas dificuldades.*

Há grandes chances de superação do que imaginamos não conseguir

Hospitalidade implica aprender a conviver bem com os sentimentos que não nos agradam, tampouco são fáceis de serem acolhidos, porque é natural que o ser humano não queira hospedar aquilo que faz mal. Não hospedamos em nós o que é nosso. Na interdição de quem somos e das nossas atitudes genuínas, também podemos correr o risco de realizarmos interdições das atitudes mais autênticas de outras pessoas, simplesmente porque não nos aceitamos. Uma coisa está sempre muito ligada a outra, e é exatamente a ideia desta nossa conversa. Contudo, não queremos generalizar, mas trazer à luz aquilo que acreditamos: somos afetos.

Ao não gostarmos de um defeito nosso, a tendência é o projetarmos, ou seja, se uma característica minha me incomoda, é possível que eu me irrite profundamente quando uma pessoa demonstra a mesma característica. Se o outro me incomoda, é provável que esse incômodo tenha relação direta com o que nego em mim.

A título de exemplo, podemos pensar sobre quando temos dificuldade em dizer "NÃO", talvez porque nos frustramos quando ouvimos uma negativa. Em outras palavras, a frustração que sinto quando não consigo **ouvir o não** pode interferir na capacidade de **falar o não**, dificultando-me ser assertivo. Outra situação é quando me sinto ferido e me transformo em "fera ferida", ou seja, para a autodefesa eu ataco o outro.

Karina: *É como a Mental Illness and Suicide (Worldwide Epidemic — illstandbyyou.org) diz: "Para mudar sua vida, você precisará mudar suas prioridades"*[1] *(tradução Karina Okajima Fukumitsu). Quanto mais fazemos de conta que esses sentimentos inóspitos não existem, mais eles retornam com uma intensidade que nos empurra para experiências de fragilidade e vulnerabilidade. Crescemos e, por não o considerarmos naturais, tentamos escondê-los a todo o custo. Para "anestesiarmos" a dor e não lidarmos com toda confusão desse emaranhado de sentimentos, surgem os vícios, as habituais fugas (comer demais, consumir demais, beber demais…). Tudo em excesso para lidar com o que é de menos em nós.*

Conforme já mencionamos, a hospitalidade é considerada como o "bom acolhimento dispensado a alguém". Para nós, hospitalidade significa a possibilidade de acolher aquilo que é nosso.

---

1. Disponível em: <https://www.facebook.com/illstandbyyou.org/?__tn__=kCH-R&eid=ARASx3P2fKPCO33yOG0LJt-BdLWKy1HqevhP8FttHIRJ0cJll0J0srRn4gv3EdtkO8T2r2I3gBQqygxY&hc_ref=ARTxtufUD5VEs8aCJzrKICU29OHLh3IJkVyXDHXO-w2_nsJIud0PhgS7Z10coIqYTKM&fref=nf&__xts__%5B0%5D=68.ARDmVoUbqLl e2seERk7VR9scqwALoQ-SaZTg4ss7nYnEpLBMGC60I55he7gVLI-fRikS5HbpDTyNRstxpBAFmK-TKhjXcTMwCRc_u_cBqUsAq7sgNOR6TJmbH2_cLfkfZ1p61KslHw97Sw58h1ecKUO-wHQJ_IPbdM2ZiBeVEHDMumiou-ncmesvFhbmY4d_Ycp4aygBDl2OB1MGKExRCg5KEDs7C9jCxknUxmU968VflYevUIGS0qXbPteKTDSqICMfIdMTmX1e-DlFjGtrWjFyjN6zEZCVx_XLEq6I6UVbf9y1ipTxIZ1gB1TCbflnkDsME3HUZ1bljeKMJFFBj-iupdA>, acesso em: 21 jun. 2019.

"Nosso" na condição de ser humano; "nosso" como propriedade de nossas emoções.

Padre Licio: *Durante muitos anos, fugi desse sentir. Muitas pessoas chegam a dizer orgulhosamente que não têm tempo nem paciência para tristeza, pois esse sentimento não faz parte do seu DNA. Mas isso é enganar a si mesmo, isso é mentira. Elas simplesmente colocaram uma máscara. Porque sabemos quais são as consequências desse fingir: a dificuldade em dizer não, a vergonha em assumir o que realmente se quer, o medo de expor o que se sente. No final, acentuamos a ignorância de quem somos, pelo medo de sermos rejeitados e não sermos amados como somos.*

Karina: *Quando alguém nos decepciona, vivemos o processo de luto por uma expectativa que foi frustrada. Dói muito ser frustrado por quem amamos e, principalmente, por quem cuidamos. Dói mais saber que abrimos nosso coração e que nosso carinho e dedicação foram banalizados por pessoas a quem tínhamos apreço.*

> Sabe por que o silêncio machuca? Porque ele esconde palavras que gostaríamos que fossem ditas. Sabe por que a traição dói tanto? Porque nunca vem dos inimigos, e sim das pessoas que mais amamos na vida. Sabe por que não existe meio de voltar no tempo? Porque se existisse nunca aprenderíamos a seguir em frente[2].

A dor tira a máscara da suposta perfeição. Sem máscaras, a dor deve ter espaço para acontecer. A dor lancinante escancara a

---

2. Disponível em: <https://www.mensagens10.com.br/mensagem/9913>, acesso em: 21 jun. 2019.

necessidade de se dar o tempo necessário para que ela cesse. Deixando ir aquilo que nos machucou, temos a chance de nos refazer. Em outras palavras, não adianta acolher o luto se não olharmos para o sofrimento generosamente.

Quem de nós não sente medo, desamparo, falta de esperança e vergonha? Quem nunca teve um amor não correspondido, ou se decepcionou pela quebra de compromisso por parte de outros e teve suas expectativas frustradas? Todos passamos por essas situações que frequentemente provocam sofrimento, tornando o desespero e a desesperança elementos precipitadores da sensação de caos. São sentimentos naturais de um ser humano. O mais importante é respeitar o que se sente, acolher e entender que os altos e baixos fazem parte de todo processo do desenvolvimento humano.

Às vezes, achamos que não daremos conta de lidar com o problema que nos aflige. Temos medo da dor e de ter medo. "A dor é inevitável e o sofrimento é opcional", assim nos ensina o ditado. Sendo assim, a dor começa a se desvelar quando sentimos que aquilo que gostávamos de fazer não tem mais o mesmo "sabor" de antes. Quando tudo começa a não fazer mais sentido, é muito importante parar para pensar, respirar, procurar ajuda e dar uma chance para você e para sua vida.

É comum acharmos que nosso sofrimento não tem resolução ou que somos os únicos responsáveis por solucionar nossos problemas. Respeite-se e não desista, por favor. "Ninguém pode ter saúde mental sem limpar o coração, abandonar o passado e perdoar a ignorância alheia" (autor desconhecido). Mas, como abandonar o passado? Fechando ciclos.

Karina: *Lembro-me de que sofri intensamente após sair de licença para realizar meu pós-doc, pois havia me dado conta de que deveria me distanciar do que era conhecido, do lugar de pertencimento, de cujo corpo docente fiz parte, em uma universidade particular, como professora de Fenomenologia e das áreas afins. Dia desses, encontrei minha mensagem de despedida, que desejo compartilhar para ilustrar que sofremos enquanto estamos passando por uma situação assim, já que acreditamos que a sensação de perda será para sempre. Cinco anos depois, leio-a sem a dor que senti ao acreditar que estava abrindo mão da melhor oportunidade da minha vida e fazendo a pior escolha, deixando o conhecido para me atirar em territórios desconhecidos. Segue a mensagem:*

> Como especialista em morte, suicídio e processo de luto, considero-me presenteada pelo fato de a vida ofertar a oportunidade de vivenciar a separação não mais como morte, mas como um até breve. Por causa da grata contemplação de uma bolsa recebida por uma agência de fomentos, por dois anos, pedi licença da universidade para iniciar meu pós-doutorado. Hoje, dia 12 de dezembro de 2013, acordei para me despedir da universidade, participando da reunião de congregação. Estranha sensação de que me afastarei do meu lugar de pertencimento de exatamente 10 anos, 10 meses e 7 dias. Lugar que me acolheu como integrante do corpo docente e que auxiliou em meu crescimento e desenvolvimento profissional. Lugar onde aprendi muito e pude construir uma carreira sólida pela confiança que depositaram em meu trabalho e em mim. O tempo de docência na universidade ensinou-me que o que faz o caminho é realmente o caminhar e, por isso, ao sair da instituição, tive a sensação de dever cumprido, não com soberba, mas, sim, com a convicção de que, durante o período em que lecionei, pude colaborar com a formação de alguns alunos e

efetivei minha missão de ensinar conduta respeitosa em relação às diferenças, que deve privilegiar, acima de tudo, o ser que é humano. Assim como Hermes, tentei ser uma mensageira da necessidade de se desconstruir o *a priori* e de suspender os preconceitos, respeitando o outro em suas diferenças e, principalmente, dignificando a existência e a vida.

Fechei as notas, passei o conteúdo das aulas que ministrei para os professores que assumirão a disciplina, entreguei a chave do armário da sala dos professores e, nesta semana, pude vivenciar cuidadosamente meu luto por me afastar do conhecido e da minha zona de conforto. Saio sem dívidas e sem dúvidas de que fechei mais que notas e meu armário — fechei um ciclo. Fechei uma Gestalt que agregou em meu desenvolvimento profissional e pessoal. E, assim como Renato Russo menciona, em uma de suas músicas: "[...] Se lembra quando a gente chegou um dia a acreditar: que tudo era para sempre e que o pra sempre, sempre acaba", fecho este ciclo dizendo: Foi eterno realmente enquanto durou e agradeço:

À instituição, que, até então, representou meu lugar de pertencimento! A cada colega professor que respeitou e apoiou meu trabalho! Às pessoas que criticaram: minha maneira de dar aula, as abordagens que lecionava e meu jeito de ser. Sempre dizia: "Querer unanimidade é burrice", e, por isso, as críticas comprovaram que somos seres humanos diferentes e que diferença não significa ser melhor nem pior, apenas diferente!

A cada aluno que me acolheu em seu coração e que incentivou minha jornada durante este tempo!

À vida, por me fazer acreditar que cada um encontra o próprio caminho e que realiza ajustamentos criativos!

É preciso fechar ciclos para que outros possam ser iniciados. A libélula agora alçará seu voo!

Karina Okajima Fukumitsu

Nada é para sempre! No que diz respeito ao tempo das emoções, variam de breves e fugazes, porém despertam sentimentos que se mantêm durante períodos bastante longos. E, se nada é para sempre, para que ficar "cutucando as feridas"? Como cita a Monja Coen: "dor, sofrimento, perdas existem. Por que ficar cutucando as feridas mais e mais? Deixemos que cicatrizem e apreciemos a vida estando presente onde estivermos e fazendo o bem a todos os seres" (2015, 109). Caso não suporte a situação, pedimos que procure alguém de sua confiança para conversar sobre seus sentimentos. Nesse sentido, queremos trazer à luz que, ao compartilhar, você favorece a misericórdia e a compaixão.

Karina: *É apenas uma fase difícil. Respire. Serene seu coração e permita-se compartilhar o que sente com quem pode ouvi-lo. E, como Rilke (2007, 37) ensina "a vida é por si só urgente o bastante, e talvez não precisemos de mais intensidade". Então, compartilhar com o outro seu segredo é agir em prol da comunicação do sofrimento humano. Partilhar a dor significa a possibilidade de se compartilhar no sagrado aquilo que é mais íntimo. Compartilhar um segredo é dividir com outro o segredo do desespero de uma dor silenciada.*

A convivência é importante para que virtudes como generosidade e solidariedade possam ser alicerces para o acolhimento da vida. Quando o coração fica triste e "quebrado", ele lateja, como se estivesse dizendo: "Sou uma dor que surgiu pela tristeza, raiva e outros sentimentos. Sou uma dor que lateja e o atordoa para que se lembre de que não pode esquecer e de que tem coração e sentimentos". Em outros momentos, a dor serve para nos alertar de que devemos nos preservar e não abrir o coração para qualquer um, acreditando que a pessoa será leal, sensata e responsável para com os compromissos firmados. Na carência, tendemos a pensar que qualquer um "salvaria a dor".

Karina: *Sempre me percebi carente e me lembro de uma parte de meu livro em que falo sobre isso:*

> A frase de autor desconhecido, "Cuidado com a carência. Às vezes ela pode fazer você ver amor onde não existe", exprime o que sempre fora meu "calcanhar de Aquiles". Minha carência me colocou na prisão da falta do empoderamento pessoal. A carência acentuou a dificuldade de se resgatar o amor-próprio, sensação de apropriação e aprimorar maneiras para me defender (FUKUMITSU, 2015, 182).

Ninguém pode tirar a dor do outro, nem consegue viver por nós o que precisamos viver. Nós nos esquecemos de que somos nosso instrumento de trabalho, principalmente quando não nos conhecemos e não acolhemos quem somos. E quais são as pistas para saber quem somos? Quais são as dicas que podemos dar para que você encontre quem é você?

A primeira dica é: respeite sua história e todo o percurso até este momento. Somos pessoas que buscam caminhos percorridos para evitar o sentimento de que não sabemos escolher bem. É muito comum duvidar dos nossos passos, sobretudo quando o resultado não é coerente com aquilo que esperávamos. Ou seja, duvidamos de nossas ações se o desfecho sai diferente do esperado. Concluímos, portanto, que fizemos uma péssima escolha e passamos a subestimar nossa capacidade.

Existe uma crença de que quando erramos podemos entender por dois modos: um erro que nunca se solucionará ou o erro que funciona como aprendizagem para que das próximas vezes possamos fazer diferente. "Se dê a oportunidade de fazer errado, pois você talvez possa consertar" (FUKUMITSU, 2015, 295).

Todas as vezes que o desfecho da situação nos frustra, tendemos a nos arrepender das ações. Consequentemente, ficamos inseguros, porque não queremos perder; no entanto, perder faz parte de todo processo de aprendizagem.

No livro *A vida não é do jeito que a gente quer* (FUKUMITSU, 2015, 278), há uma história, cuja postagem fora feita por Sara Possomai, de uma pessoa que perguntou ao mestre como se tornar um sábio:

> Discípulo: Mestre, como faço para me tornar sábio?
> Mestre: Boas escolhas.
> Discípulo: Mas como fazer boas escolhas?
> Mestre: Experiência.
> Discípulo: E como adquirir experiência?
> Mestre: Más escolhas.

Karina: *Uma coisa é certa: nunca saberemos se nosso processo de escolha foi certo ou errado se não passarmos pela experiência, ou seja, apenas depois que agir, você saberá o resultado. Não é possível, portanto, antecipar os resultados, tampouco ter a dimensão de nossas ações. O que temos, então, é uma vida totalmente inédita, sem destinos nem normas. A vida, portanto, não deve ser direcionada para você se encontrar, mas, sim, para você se criar constantemente. Acabei de me lembrar de uma frase cuja autoria é incerta: "Os navios estão mais seguros nos portos, mas não foram feitos para isso".*

Nós não temos fórmulas corretas sobre as situações, muito menos podemos prever o que acontecerá. Temos apenas um futuro se cuidarmos do nosso "aqui e agora". Nesse sentido, devemos embarcar na trajetória singular e aceitar que viemos ao mundo com uma missão. Mesmo que você não saiba qual é essa missão, poderá criar, descobrir e conhecer quem você é a partir de suas ações, que envolvem escolhas e renúncias. **Você é único e não está vivo por acaso.** *É justo, portanto, que possa se admirar sem moderação para que construa uma história digna o suficiente para que entenda que, se está aqui, você é pleno de vida.*

Queremos que saiba que sua existência não é em vão; por esse motivo, **torne-a digna**. Mas como gostar de nós mesmos se recebemos críticas, difamações e julgamentos? Como querer ser alguém na vida se hoje em dia o que mais existe é a competitividade, além da necessidade de nos mostrarmos produtivos? Como conversar com os pais para que eles ajudem seus filhos a apenas serem?

Padre Licio: *Alguns sentimentos são coletivos, sentidos por todo mundo ao mesmo tempo: o medo de catástrofes naturais, o medo de ser assaltado, o medo de ataques terroristas. E há medos de caráter mais pessoal, tais como de adoecer ou morrer. As pessoas têm medo de fracassar, de ser abandonadas... O medo gera em nós outros sentimentos, e um deles é a aflição. E quantas aflições nos assolam! Uma sociedade que se inicia com grandes expectativas e com as melhores intenções e acaba não dando certo. Um relacionamento que a gente achava que duraria a vida inteira (casamento, amizade, um trabalho), mas que entra em crise e acaba. Os pais que têm a alma inundada de sentimentos em relação aos filhos. E os filhos que sofrem muito por causa dos pais.*

Certa ocasião, ao dar uma palestra numa escola, uma das alunas me pediu a palavra e disse: "Sou filha única e não aguento mais. Eu cuido dos meus pais; minha mãe é alcoolista e meu pai, usuário de crack". *Há pais que não deixam seus filhos serem eles mesmos, que não os libertam da dependência (econômica e afetiva), que não aceitam que cresceram e querem seguir o próprio caminho. Algumas pessoas procuram alguém que possa auxiliá-las nas crises, nas horas de maior dificuldade; outras, em livros; e existem as que, quando não sabem mais o que fazer, vão atrás de um amigo, um psicólogo, um terapeuta, um médico, um padre, um líder religioso. Outras tantas buscam a Deus. O desespero as faz rezar. Falar e desabafar muitas vezes aliviam a dor e na conversa é possível encontrar outros caminhos para lidar com os problemas. A modificação dos nossos sentimentos se dá pela palavra, mas, muitas vezes, a frustração e a decepção aumentam quando promessas religiosas se revelam um falatório vazio, sem sentido, uma mentira, uma forma de ganhar dinheiro e enganar.*

Karina: *Certo dia, vi uma postagem na rede virtual que dizia o seguinte: "Maturidade é ter a capacidade de viver em paz com o que não se pode mudar". Penso que a dificuldade de acolher e de abrigar o que é nosso pode nos ferir e talvez leve tempo para cicatrizar. No entanto, aos poucos, se deixarmos a poeira baixar e nos respeitarmos, os sentimentos se organizarão, até porque acredito que as respostas dos mistérios da vida nunca aparecem de forma clara e rápida. Como afirmo em* A vida não é do jeito que a gente quer, *"a vida é a arte que leva tempo"* (FUKUMITSU, 2015, 295).

A gente tem de ajudar as pessoas a construírem tolerância existencial para que possam suportar o sofrimento, mas há momentos que gostaríamos de terceirizar essa tarefa, sobretudo quando estamos com problemas. Minha avó sempre falava: "Tudo tem jeito, menos a morte". De certa forma, ela tinha razão, principalmente se você já passou por "tsunamis existenciais"; se sim, você já é prova de superação e merece se fortalecer para que acredite que é capaz de lidar com as fases difíceis, pois já teve provas concretas de que é capaz de suportar seu sofrimento. Acredito que a partir da dor teremos a chance de identificar quem realmente somos. Nada do que nos acontece é em vão, por isso o sofrimento acontece quando enfrentamos momentos de crise, os quais, para o pensamento oriental, significam oportunidade. Como afirma Parkes (1998, 22), "a dor do luto é tanto parte da vida quanto a alegria de viver; é, talvez, o preço que pagamos pelo amor, o preço do compromisso". Comprometer-se é trato com o outro para termos parceria na nossa existência. Comprometer-se é trato consigo para que seja possível o autoconhecimento.

Padre Licio: *Para alguns, só depois de um "tsunami" ter destruído a vida quase por completo é que surgem as questões: "Quem sou eu? O que realmente estou sentindo? Como posso lidar com estas emoções que me provocam esse sofrimento devastador? E se eu tivesse sido ensinado a me conhecer enquanto eu era criança? E se eu soubesse lidar com essas emoções de novo?". Uma amiga muito querida certa vez me contou:*

> Quando o meu filho chora, estar simplesmente sem fazer nada, estar só presente, atenta à necessidade que pode surgir, é um desafio. Existe uma parte de mim — a salvadora — que quer livrar o meu filho daquele sentir. Muitas vezes, no passado, mesmo tendo consciência de que não era o mais construtivo, eu assumia esse papel. Atualmente, consigo fazer diferente; pelo menos, já dou espaço para que essa emoção se expresse sem que eu intervenha. Mas me pergunto: será que a mais poderosa forma de educar o meu filho nesse sentido — através

do meu exemplo — está se realizando? A verdade é que já não fujo dessas emoções, mas ... e conseguir expressá-las, a partir do coração? Hum... acho que ainda tenho um caminho longo a percorrer até chegar aí. Expor-me dessa forma, mostrar minha vulnerabilidade, continua a ser um processo complicado. Questiono-me muitas vezes: como o posso fazer? Hoje dei um passo nesse sentido. Desde 2015, tenho como intenção sentir e acolher todas as emoções. Com amor. Senti-las no meu corpo e observá-las com compaixão. Partilhá-las, sem vergonha, a partir do coração. Ter coragem de assumir o que quero e não quero sem medo do que os outros pensam. Não vou mentir: para mim, isso não é fácil, é mesmo visceral. Custa, dói, mexe com as entranhas. Sinto-me insegura quando faço. Mas o curioso é que tenho verificado que sempre que dou este passo algo em mim RENASCE. Sinto-me mais próxima da minha essência. Tenho dois filhos homens e o que mais desejo é que possam chorar sem medos nem vergonha. PORQUE OS HOMENS TAMBÉM CHORAM! Então, o que eu tenho dito a todos que conheço é isto: SINTA SUAS EMOÇÕES. Aceite TODAS sem culpa, medo ou vergonha. As suas e as do seu filho. Resista ao impulso de fugir ou de interferir quando você vir o seu filho chorar, gritar, bater a porta. Dê a ele espaço para que a tristeza, a raiva possam existir na sua vida. Quando me permiti sentir todas as minhas emoções, sem fugas nem subterfúgios, algo em mim se libertou. Quando me permiti partilhá-las com os outros, algo em mim se transformou. E os meus filhos ganharam uma mãe mais autêntica e presente. Continua a doer, mas o que é um bálsamo para a minha alma é que eu já sei como lidar com essas emoções. Não preciso mais fugir delas, nem me agarrar a elas. Saber como lidar com as nossas emoções é urgente!" (grifos nossos).

Como seria o mundo se todos pudessem sentir todas as emoções sem ter que encontrar fugas para escondê-las? E se todos pudessem expressar aquilo que verdadeiramente sentem sem medo de ser julgados? E se todos soubessem como lidar com as suas emoções? Mostrar aos nossos filhos que a tristeza é tão natural como a alegria, que chorar é tão curador como rir, que verbalizar o que sentem não é sinônimo de fraqueza, mas de respeito por si próprio e pode prevenir uma série de problemas futuros. Para isso acontecer, porém, nós, pais, temos que saber como lidar com essas emoções. Você permitiu sentir todas as suas emoções ou busca fugir delas? Ninguém neste mundo precisa sofrer sozinho! Buscar ajuda é uma necessidade humana fundamental. As dores, os fracassos, os erros, os equívocos e as decepções acompanham a nossa vida. Não precisa ser a dor de seus pais não compreenderem você, nem entenderem seus sentimentos, ou quem sabe a dor da mãe e do pai pelos caminhos errados que o filho ou filha tomou. Talvez você fique aflito com a dor por causa de uma relação malsucedida, com um amigo, o crush, ou em razão de um fracasso pessoal, ofensa provocada por outra pessoa, solidão, abandono. É importante demais para você a sua dor. Nunca a subestime, procure ajuda.

Moral da história: quando estiver cansado, sinalize e peça para que possa ser poupado. Ninguém saberá sobre sua necessidade se você não contar. Fale com aqueles que você acredita que possam entender você. Não se isole, não se enterre em seu sofrimento, não se tranque no seu quarto. Abra seu coração para um amigo em quem você confie ou para Deus. Então, em sua dor você sentirá consolo, conforto, confiança e esperança.

Karina: *A raiva e o ressentimento podem nos ferir profundamente. A mágoa pode congelar o coração. A tristeza pode adoecer mais. Como se ajudar? Não olhando para fora, mas "para dentro".*

Em vez de ceifar nossas possibilidades, é preciso semear para que depois desfrutemos do que pode frutificar. Incentive a autodescoberta das potencialidades. Resgate forças para escolher diariamente qual será a batalha que deseja entrar. Em vez de reagir às intempéries da vida, aja em prol do seu bem-estar. Abandone situações tóxicas. Presenteie-se com uma vida nova de amor apenas com quem quiser desfrutar do seu amor! Não queira ser um dos "melhores". Não queira ser a melhor em nada! Chega! Queira ser simplesmente você: nem melhor nem pior. Apenas seja diferente... Seja uma pessoa que sobreviveu a tudo não para paralisar, mas para continuar.

Erramos ao baixar a guarda, confiar demais, abrir a porteira do nosso coração. Erramos por querer depositar nossas carências em relações que nunca serão capazes de preencher o vazio que se apresenta com uma das nossas maiores dificuldades existenciais. Erramos demais por nos relacionar, porém acertamos muito quando nos relacionamos pura e simplesmente por nos relacionar. Acertamos quando não colocamos expectativas nos outros, ou pelo menos suspendemos as expectativas para não nos decepcionarmos tanto!

Karina: *Certo dia ouvi Darcy Ribeiro (1922-1997) dizer:*

> Fracassei em tudo que tentei na vida. Tentei alfabetizar crianças, não consegui. Tentei salvar os índios, não consegui. Tentei uma universidade séria, não consegui. Mas, meus fracassos são minha vitória. Detestaria estar no lugar de quem venceu.

Não somos os papéis que exercemos, tampouco as credenciais que utopicamente provocavam a falsa sensação de segurança.

Podemos escolher entre engajar nossa dedicação para a direção que escolhemos. Acertamos quando confiamos em nossa capacidade própria de curar nossas feridas, de nos respeitar e de encontrar um caminho para percorrermos. Acertamos quando, apesar da dor, continuamos a fazer ajustamentos criativos.

Uma parte ferida não pode representar um todo. Podemos interpretar imprudência como um fracasso, por exemplo, e reagir com autorrecriminações, fato que, espiritual e psicologicamente, pode nos puxar "para baixo", afetando autoestima e nos levando à culpabilização. Por outro lado, podemos também atenuar a importância do erro, não o tratando como pecado; assim, não ficamos fragilizados, porque erramos. E, como Perls (1979, 125) menciona, "amigo, não tenha medo de erros. Erros não são pecados. Erros são formas de fazer algo de maneira diferente, talvez criativamente nova". Em contrapartida, podemos também reprimir o pecado, transformamo-nos em fariseus, passando a viver uma vida dupla: exigindo dos outros aquilo que não vivemos e condenando nos outros o pecado que reprimimos. Em contrapartida, qual é o significado de acertar na vida?

Acertar na vida é confirmar que só podemos ofertar o que é possível, pois "quem dá mais do que pode, já está dando o que não pode". Acertar, atualmente, significa não me invalidar nem me desvalorizar, pois só serei quem posso ser. Acertar significa me apossar do lugar onde estou, e não do lugar onde gostaria de estar. Acertar é ter flexibilidade para criar ajustamentos criativos. Na verdade, acredito que acerto quando tenho tempo para mim, para me cuidar, dormir, descansar e fazer o que gosto. Tempo para entender que não sou prisioneira do tempo escasso, mas sou livre para usufruir do meu tempo da maneira que puder. Assim, os projetos pessoais começam a se tornar extraordinariamente mais atraentes.

Padre Licio: *O caminho de atuação para a hospitalidade do inóspito supõe muitas exigências, das quais três são indispensáveis: transparência, empatia e liberdade — aspectos que constituem a base, o terreno fértil em relação ao qual o sentimento do amor, do perdão, da ternura, pode dar frutos a fim de realizar plenamente a história das pessoas, que é vinculada às relações interpessoais, isto é, consigo e com os outros, integrando o que está desintegrado. A transparência implica o olhar para si mesmo, para os outros e o mundo com verdade interior, evitando falsos julgamentos, a busca de desculpas, ou qualquer tipo de máscara que esconde e até falsifica aquilo que eu sou, a consciência que tenho de mim mesmo e dos outros. O termo "transparência" deve ser entendido não no sentido ético, mas como autoconsciência, coerência entre aquilo que se é e aquilo que se aparenta, e, por consequência, aquilo que se busca, que se sente, pensa, fala, faz, ou seja, ser autêntico. Sem transparência faltaria a condição prévia para que surja dentro de nós o sentimento de ternura e compaixão, que pode desabrochar em nós como força de humanidade.*

Empatia, entendida no seu sentido mais etimológico (em, dentro; páthos, sentimento): sentir aquilo que o outro sente, colocando-se no lugar do outro, fazendo o esforço de compreender o outro em seus sentimentos e pensamentos, em suas emoções e participando diretamente na sua situação, assumindo-a como minha. Só quem sabe viver a compaixão pelo outro, indo ao encontro dele, será capaz de colocar as bases para a autêntica acolhida, característica para efetivarmos relações pelas quais podemos participar da vida do outro, sem invadi-la, manifestando estima, confiança e evitando julgamentos sobre a vida dos outros, como nos lembra um diálogo entre um mestre espiritual e um de seus discípulos:

> Como posso obter a graça de não julgar nunca o meu próximo?, perguntou o discípulo.

Com a oração, respondeu o Mestre.

Então, por que não consegui obtê-la?

Porque não oraste no lugar justo!

E qual é o lugar justo?

É no coração de Deus.

E como chego até lá?

Compreendendo que quem te feriu, quem peca, não sabe aquilo que faz e deve ser perdoado.

A empatia nos torna humanos.

A liberdade, por fim, deve estar associada à transparência e à empatia, evitando transformar a pressa em força para julgar, ou dominar, ou transferir minha responsabilidade para os outros. Em outras palavras: é preciso descobrir a "liberdade de; a liberdade com; a liberdade para".

A **liberdade de** *tudo aquilo que nos impede de entrar em sintonia com o outro, ou melhor, uns com os outros. Olhar nos olhos, colocar-me a serviço, partilhar aquilo que sou e aquilo que tenho em uma dimensão de respeito recíproco, sem assumir para mim o problema que é do outro, mas estar disponível para acolher e ajudar naquilo que me é possível.*

A **liberdade com** *os outros, procurando juntos, no bate-papo, no diálogo franco, respeitoso e sincero, pôr em comum os dons que cada um tem, sem esquecer uma atuação verdadeira, constante e leal.*

A **liberdade para** *alcançar o melhor de mim não só para satisfazer meu ego, mas para alcançar os objetivos que tracei, colocando-me a serviço dos outros, da comunidade, da sociedade, da humanidade, respondendo à vocação à qual Deus me chamou. Ser* *a pessoa que ele um dia sonhou que eu fosse, para mim, para ele e para os outros.*

Para acolher o inóspito é necessária uma busca sincera, humilde, firme e constante para obter as atitudes de transparência, empatia e liberdade, sem as quais a capacidade natural do ser humano à acolhida, ao dom e à partilha não seria capaz de se realizar e produzir seus frutos.

É sempre importante lembrar que nossos sentimentos não podem ser categorizados como bons e maus, positivos ou negativos. Todos eles possuem um sentido. É necessário, para nossa saúde corporal e espiritual, que busquemos sempre dialogar com os nossos sentimentos e com as nossas ideias.

Muita gente se condena por causa de seus sentimentos inóspitos ("negativos"), como ira, desânimo, raiva, ciúme, inveja, medo. Tentam muitas vezes, "pedindo ajuda a Deus", combatê-los a fim de se libertarem deles. Penso que o Senhor pode nos ajudar verdadeiramente se formos capazes de escutar a sua voz nas coisas que sentimos e pensamos. Deus nos fala em nossos sentimentos, contradições e paixões. Só quando prestamos atenção e damos ouvidos é que de verdade descobrimos a possibilidade de crescer e nos reconciliar com todas as nossas emoções, paixões e sentimentos, as quais podem nos levar a Deus.

As paixões existem para serem vividas, sobretudo, contidas e superadas. O ideal de equilíbrio, físico, mental e espiritual, do amar a mim mesmo, do amor ao próximo, da gentileza da convivência com os outros exige que eu domine a ira e a raiva. Quando, porém, procuro escutar minha raiva, quando me esforço para que ela habite em mim, talvez ela me diga que estou usando muitas máscaras e sendo muito pouco eu mesmo, que entreguei muito poder sobre a minha vida aos outros, que passei grande parte do meu tempo respondendo às expectativas alheias, que não dei ouvidos ou importância a mim mesmo nem às minhas necessidades. Que desrespeitei muitas vezes a voz da minha consciência, que não vivi aquilo que de verdade gostaria de ter vivido, que permiti que os outros ultrapassassem os limites e me ferissem. Em vez de reprimir a raiva, o caminho para hospedá-la seria o diálogo. A raiva é a força para eu me desvencilhar do outro que me feriu e, assim, criar uma sadia relação de distância. Mas é preciso primeiro tomar consciência dela, para depois pôr minha raiva para fora. Apenas quando eu tiver lançado fora de mim o outro, terei condições verdadeiras de perdoá-lo e realmente me libertar do poder que ele exerce sobre mim.

Existe também uma raiva que toma conta de mim e sobre a qual não tenho nenhum controle e com a qual nem consigo contato. Não reconheço o sentido que ela tem e me sinto no fundo do poço. É preciso, por mais doido que seja, viver esse sentimento de fundo do poço. Talvez, no fundo do meu poço, eu possa encontrar força para que de repente tudo se transforme em mim e ao meu redor. Tem gente que precisa chegar "ao fundo do poço" para ressurgir como uma fênix e redescobrir a alegria de viver. Quem sabe, na impotência para se libertar da raiva, precise reconhecer que tem de desistir do esforço e simplesmente se entregar nas mãos de Deus. A minha raiva me fará ver como está minha relação com Deus. Nunca conseguirei me libertar dela, nem a hospedar em mim, mas ela sempre pode ser um incentivo, um caminho para eu me entregar ao Senhor e aceitar a realidade como se me apresenta.

O caminho para acolher os sentimentos inóspitos passa por três etapas: (1) Dialogar com os sentimentos e os pensamentos; (2) "Descer" até o fundo, mergulhar nas emoções e paixões, senti-las até o fim, até que se transformem e que eu descubra novas possibilidades e encontre Deus; (3) Reconciliar-me com a realidade e viver de uma maneira realista e adequada. Como exemplo de hospedar o inóspito, gosto de fazer uma analogia com a ostra, que, do seu ferimento, do seu sofrimento, faz surgir uma pérola. A dor que a dilacera, ela transforma em joia. Sobre meus sentimentos inóspitos as pérolas crescem, mas elas só podem surgir dentro de mim quando eu me reconcilio com meus ferimentos.

"É preciso saber viver": a busca da congruência

Falamos sobre a importância das relações e abarcamos compreensões sobre as benesses e os prejuízos de nos relacionarmos. Tecemos considerações sobre o fato de sermos gratos quando alguém se aproxima de nós e de aproveitarmos do colo, da palavra amiga e do estar junto. Vimos que, por causa da dor, a linguagem deve ser a do amor e do acolhimento. Também trouxemos a necessidade de sermos acolhidos e de acolher, amar e aceitar quem somos, salientando que é preciso aprender a aceitar o amor e a nos autopreservar. Quando nos aliamos a nós mesmos, tornamo-nos menos solitários na caminhada existencial.

Karina: Lembrei-me de uma história, mas não me recordo onde a li. Gandhi foi procurado por uma mãe cujo filho era diabético. Seu desejo era que ele falasse ao filho para que o garoto parasse de comer o que faz mal para quem sofre dessa doença. E ele lhe pediu: "Volte daqui a um mês". A mãe ficou "louca", mas voltou no mês seguinte. Um mês depois, Gandhi disse ao menino: "Pare de comer açúcar". A mãe, "mais louca ainda", questionou: "Por que não falou há um mês para que meu filho parasse de comer o que faz mal para a diabetes?". Gandhi respondeu: "Porque era eu que não tinha parado de comer o que me fazia mal". Esse conto me faz lembrar que precisamos buscar uma congruência naquilo que a gente faz e fala.

Padre Licio: *Você talvez precise buscar uma congruência. Estando em congruência com seu coração, com Deus, com a sua fé, aquela que você acredita realmente, com as suas convicções, talvez encontre uma verdade e construa uma verdade que seja sua. É legal esse caminho para não adoecer, para não enlouquecer, porque vai dando condição de se pertencer, de pertencer ao grupo com o qual se identifica. E quanto mais a gente pertence a si mesmo, às coisas que acreditamos, à verdade dos nossos sentimentos e das nossas emoções, mais nos equilibramos emocionalmente e nos mantemos fortalecidos.*

Karina: *Tenho vontade de falar para as pessoas em sofrimento: "Siga seu caminho na arte do amor, da generosidade e da compaixão. Torne-se artista que apazigua sua dor inúmeras vezes. Ajude-se a continuar a trilha que precisa percorrer". A moral da história é que não existe um caminho apenas. Penso que se suspendermos a necessidade de nos mostrarmos produtivos e perfeitos e se não nos autorizarmos a percorrer o caminho da ganância e da competitividade, é possível encontrar um solo, mesmo que árido, para não desviarmos nossa atenção ao que é essencial. Nosso foco deve ser direcionado para o que faz o coração pulsar. Ter não significa ser. É utopia entrar na ideia de que quanto mais você tem mais você produz. É um engano. Nesse sentido, acredito que se você direcionar a atenção para aquilo que faz seu coração pulsar, validando sua história e suas dores e amores, conseguirá encontrar um solo que poderá dar sustentação para quem você é. Solo sagrado que será* *base para a identidade com a qual você se relaciona consigo mesmo e com o outro...*

Padre Licio: *...e com Deus, com a vida. Por isso, essa é a grande descoberta, a grande busca, que é a da individualidade, e não da individuação.*

O importante é cuidar dos medos, do medo de acolher os sentimentos inóspitos, porque ele, o medo, pode nos levar a fazer o contrário. Por isso, é importante reconhecer o medo, e não ter medo de buscar a integração, de "se buscar". O processo de autoconhecimento dá medo, porque às vezes nós nos surpreendemos com nossas próprias atitudes e, principalmente, também com atitudes de outras pessoas, que às vezes nos fazem pensar: "Nossa, de onde veio isso?". Quando o susto das atitudes alheias o ferirem, lembre-se das palavras de Rilke (2007, 154): "não atribuir às coisas mais significado do que elas assumem por conta própria; não ver o sofrimento de fora, não o medir e chamá-lo grande: o 'grande sofrimento'". Oferte ao seu sofrimento a proporção que ele merece, pois seu coração não cresceu com o sofrimento. A fadiga advinda do sofrimento não colabora com o crescimento do coração. Quando sofremos, nosso coração parece ficar pequenino, sem pulsação, e é exatamente por esse motivo que se deve ter paciência e mais paciência.

Não se julgue durante o sofrimento, enquanto ele estiver com você. Apenas se acolha. Em se tratando de acolher nossos sentimentos, não temos uma medida certa para sofrer e para nos curar. Sendo assim, não aumente a potência de sua dor, fazendo comparações com a vida dos outros. Como Caetano Veloso versa em uma linda música: "Cada um sabe a dor e a delícia de ser quem é".

Olhe para si, mesmo com medo, para poder conhecer as inúmeras possibilidades existentes em você. É importante identificar os sentimentos inóspitos e não ter medo de encará-los.

Karina: *O medo é um dos piores impeditivos das nossas ações rumo à novidade.* **Medo comedido** *é importante, mas* **medo exagerado** *bloqueia nossas ações (FUKUMITSU, 2015, 246).*

Padre Licio: *Sua identidade pessoal, com a qual você se relaciona consigo mesmo, com o outro, com Deus e com a vida é, sem dúvida, a grande descoberta na ciência. É a busca da individualidade que deve ser integrada.*

Nada poderá destruir você, desde que conheça sua história e alimente sua jornada. Você precisa se reconhecer, pois é a partir desse autoconhecimento que poderá se acolher tal como é. Finalizamos com uma frase que resume nosso ensejo: "Que a minha coragem seja maior que meu medo e que minha força seja tão grande quanto a minha fé".

Referências

ALVES, R. Receita para comer queijo. In: _____. *Lições do velho professor*. São Paulo: Papirus, 2013.

CORALINA, Cora. Minha infância. In: DICIONÁRIO INFORMAL. Disponível em: <https://www.dicionarioinformal.com.br/>. Acesso em: 12 jun. 2019.

DICIONÁRIO MICHAELIS DA LÍNGUA PORTUGUESA. São Paulo: Melhoramentos, 1998.

DICIONÁRIO ONLINE DE PORTUGUÊS. Disponível em: <https://www.dicio.com.br>. Acesso em: 12 jun. 2019.

FUKUMITSU, K. O. Xiquexique nasce em telhado. Reflexões sobre diferença, indiferença e indignação. In: *Revista de Gestalt*, v. 17, 2012.

_____. *A vida não é do jeito que a gente quer*. São Paulo: Digital Publish & Print, 2015.

MONJA COEN. *108 contos e parábolas orientais*. São Paulo: Planeta, 2015.

PARKES, C. M. *Luto — Estudos sobre a perda na vida adulta*. São Paulo: Summus, 1998.

PERLS, F. S. *Gestalt-terapia explicada*. São Paulo: Summus, 1977.

_____. *Escarafunchando Fritz — Dentro e fora da lata de lixo*. São Paulo: Summus, 1979.

RILKE, R. M. *Cartas do poeta sobre a vida*. São Paulo: Martins Fontes, 2007.

SAINT-EXUPÉRY, Antoine de. *O pequeno príncipe*.

Sobre os autores

Karina Okajima Fukumitsu (CRP 06/43624-6)
Psicóloga, Gestalt-terapeuta e psicopedagoga com pós-doutorado e doutorado em Psicologia pelo Instituto de Psicologia da USP. Mestre em Psicologia Clínica pela Michigan School of Professional Psychology (EUA).

É coordenadora da Pós-Graduação em Suicidologia: Prevenção e Posvenção, Processos Autodestrutivos e Luto da Universidade Municipal de São Caetano do Sul (USCS) e, em parceria, da Pós-Graduação Abordagem Clínica e Institucional em Gestalt-Terapia da Universidade Cruzeiro do Sul (Unicsul). Coordena o Programa RAISE: Ressignificações e Acolhimento Integrativos do Sofrimento Existencial. Membro efetivo do Departamento de Gestalt-Terapia do Instituto Sedes Sapientiae. Pesquisadora com ênfase nos estudos sobre processos autodestrutivos, prevenção ao suicídio, posvenção e acolhimento da vida. No Facebook, administra o grupo "Suicídio: prevenção e posvenção no Brasil" e as páginas "Enlutamento por suicídio no Brasil" e "Suicídio: prevenção e posvenção no Brasil".

Autora dos livros: *Programa RAISE: gerenciamento de crises, prevenção e posvenção do suicídio em escolas* (Phorte Educacional); *Suicide and Bereavement* (Editora Lobo); *Sobreviventes enlutados por suicídio: cuidados e intervenções* (Summus Editorial); *A vida não é do jeito que a gente quer*; *Suicídio e luto: histórias de filhos sobreviventes*; *Suicídio e Gestalt-Terapia*; *Perdas no desenvolvimento humano: um estudo fenomenológico* (todos pela Digital Publish & Print). É organizadora da obra *Vida, morte e luto: atualidades brasileiras* e, em parceria, da Coleção Gestalt-Terapia: fundamentos e Práticas (ambas pela Summus Editorial); e, também em parceria, do livro *Encontros inesquecíveis: relatos de cuidado e ética* (Editora Alínea). É coeditora da *Revista de Gestalt* do Departamento de Gestalt-Terapia do Instituto Sedes Sapientiae e coautora desta coleção, AdoleScER sem adoecer — Conversas entre uma psicóloga e um padre, volume 1 (Edições Loyola).

Pe. Licio de Araujo Vale

Padre católico desde 1983, incardinado na Diocese de São Miguel Paulista (SP), educador e palestrante. Tem licenciatura plena em Filosofia pela PUC-SP e bacharelado em Teologia pela Faculdade de Teologia Nossa Senhora da Assunção (SP).

Foi secretário executivo do Regional Sul 1 da CNBB por oito anos (1996-2003). Atualmente, é pároco da Paróquia Sagrada Família de Vila Praia, São Paulo (SP), e membro da Associação Brasileira de Estudos e Prevenção ao Suicídio (Abeps). Administra as páginas "Prevenção de suicídio" e "E foram deixados para trás" no Facebook.

É autor do livro *E foram deixados para trás — Uma reflexão sobre o fenômeno do suicídio* e coautor desta coleção, AdoleScER sem adoecer — Conversas entre uma psicóloga e um padre, volume 1, todos publicados por Edições Loyola.

editoração impressão acabamento

rua 1822 n° 341
04216-000 são paulo sp
T 55 11 3385 8500/8501 • 2063 4275
www.loyola.com.br